般若心経、心の「大そうじ」

名取芳彦

三笠書房

仏説摩訶般若波羅蜜多心経《ぶっせつまーかーはんにゃーはーらーみーたーしんぎょう》

観自在菩薩《かんじーざいぼーさー》　行深般若波羅《ぎょうじんはんにゃーはーらー》
蜜多時《みーたーじー》　照見五蘊皆空《しょうけんごーうんかいくう》　度《どー》
一切苦厄《いっさいくーやく》

舎利子《しゃーりーしー》　色不異空《しき ふーいーくう》　空不異《くうふーいー》
色《しき》　色即是空《しきそくぜーくう》　空即是色《くうそくぜーしき》
受想行識《じゅーそうぎょうしき》　亦復如是《やくぶーにょーぜー》

「芳彦流《ほうげん》」現代語訳

（これは、心のそうじができて、本来の豊かな心を取り戻し、気持ちが安らかになるための素晴らしい智慧のエッセンス、そしてその心を表した教えです）

観音さまという、とても心のバランスがとれた仏さまが、ある時、心静かに物事を観察していたら、心に何のわだかまりもなくなったのです。そして、この世の中には何一つとして、永遠不滅で、変わらないものはないということが分かったのです。

舎利さん、いいですか。物事は、その働きも、存在も、いろいろな条件が重なってそうなっているのです。ですから、その条件が変われば、結果も変わります。その

舎利子《しゃーりーしー》　是諸法空相《ぜーしょうほうくうそう》　不生《ふーしょう》
不滅《ふーめつ》　不垢不浄《ふーくーふーじょう》　不増不減《ふーぞうふーげん》
是故空中無色《ぜーこーくうじゅうむーしき》　無受想行識《むーじゅーそうぎょうしき》
無眼耳鼻舌身意《むーげんにーびーぜっしんにー》　無色声香《むーしきしょうこう》
味触法《みーそくほう》　無眼界乃至無意識《むーげんかいないしーむーいーしき》
界《かい》

条件は刻々と変化してやむことがありません。世の中はどんな物でも、事でもそうなっているのです。

　舎利さん、よくお聞きなさい。いろいろな条件の中には自分の努力というのもありますが、それだけではありません。ほかにも私たちには想像もつかないような条件が入り込んでいるのです。

　どんな物でも、何もないところから突然何かが出現することもないし、いきなり何もなくなってしまうということもないのです。なくなるにしても何かの条件があるはずだからです。

　物事は一見増えたり減ったりしますが、よく考えてみれば、ある場所から別の所へ移ったり、形を変えた

無無明《むーむーみょう》　亦無無明尽《やくむーむーみょうじん》　乃《ない》
至無老死《しーむーろうしー》　亦無老死尽《やくむーろうしーじん》　無《むー》
苦集滅道《くーじゅうめつどう》　無智亦無得《むーちーやくむーとく》　以《いー》
無所得故《むーしょーとっこー》

だけなのです。実質は増えても減ってもいません。

私たちが頭で考えることも、常に変化しています。〝その日の気分〟というのも心が変化しているあかしです。いつも自分は自分で変わらないと思っていても、変化しているのです。なかなかそのことに気がつかないことが多いですが。

よく人は年は取りたくないと言いますが、年を取るというのはある意味では成長するということ。死にたくないと言いますが、それは死んだ後のことがわからないからでしょう。生まれる前と死んだ後に行くところは同じだから安心していいのです。元いた場所に帰るということなのです。

私たちはいろいろなことにこだわり過ぎるからいけ

菩提薩埵《ぼーだいさったー》　依般若波羅蜜多《えーはんにゃーはーらーみーたー》
故心無罣礙《こーしんむーけーげー》　無罣礙故無有《むーけーげーこーむーうー》
恐怖《くーふー》　遠離一切顚倒夢想《おんりーいっさいてんどうむーそう》　究《くー》
竟涅槃《ぎょうねーはん》　三世諸仏《さんぜーしょーぶつ》　依般《えーはん》
若波羅蜜多故《にゃーはーらーみーたーこー》　得阿耨多《とくあーのくたー》
羅三藐三菩提《らーさんみゃくさんぼーだい》

ないのです。こだわるということは、そこにじっとしているということです。じっとしていたのでは他の素晴らしい世界を知ることもできません。心を自由自在にしていきましょう。

仏さまたちは皆、物事やその働きを心静かに観察する智慧を使って、そこから共通の法則を見つけ出しました。それを見つけ出すと、心が自由自在になれるのです。何かを恐がることもなくなり、現実を無視して「こうであったらいいのになあ」などと夢見るようなこともなくなります。それはそれは素晴らしい心の広がりを持ち、充足感に満ち満ちたどっしりしたものです。

故知《こーちー》　般若波羅蜜多《はんにゃーはーらーみーたー》　是《ぜー》
大神呪《だいじんしゅー》　是大明呪《ぜーだいみょうしゅー》　是無《ぜーむー》
上呪《じょうしゅー》　是無等等呪《ぜーむーとうどうしゅー》　能除一《のうじょーいっ》
切苦《さいくー》　真実不虚《しんじつぶーこー》　故説般若《こーせつはんにゃー》
波羅蜜多呪《はーらーみーたーしゅー》　即説呪曰羯《そくせつしゅーわっぎゃー》
諦羯諦波羅羯諦《ていぎゃーていはーらーぎゃーてい》　波羅僧《はらそう》
羯諦《ぎゃーてい》　菩提薩婆訶《ぼーじーそわかー》
般若心経《はんにゃーしんぎょう》

もうお分かりでしょう。このような考え方、感性を身につけるのに、素晴らしい呪文があります。

それは、ギャーテー・ギャーテー・ハーラーギャーテー・ハラソーギャーテー・ボージー・ソワカという真言です。

さあ、般若の心は実践あるのみ（心をそうじしていきましょう）。

まえがき——一瞬で気持ちがラクになる「般若心経」のそうじ力

『般若心経』といえば、「色即是空《しきそくぜくう》、空即是色《くうそくぜしき》」という字句を含めてもっとも人気のあるお経だということは、みなさんご存知だと思います。

わずか二百六十二文字の中に、智慧で得られる「空」の哲学を封じ込め、最後に理屈を超えて、ダイレクトに悟りの世界に飛び込む真言《しんごん》（呪文《じゅもん》）が紹介されています。

そして、その内容となると、難しくてよくわからない、というのが本音でしょう。

これでは、もったいない、というのが私が本書を書いた動機です。そこで、日本一やさしい『般若心経』の入門書をみなさんとご一緒に、考えていきたいと思います。

本書を手にされた読者のみなさんは、それぞれにご自身の人生という重い重い荷物を背負って、毎日毎日を生きています。

私たちは、世間体、会社での地位、経済力、生活力などを、荷物の中にぎっしりと詰め込んで、その重さに悩み、苦しみ、汗をかいています。いっそ全部捨ててしまったら、それこそ、気が楽になるだろうな、と一度でも思ったことがない人はいないでしょう。

『般若心経』はその荷物の正体を解き明かしてくれるだけでなく、これからの人生を暗いまま生きていくのではなく、もっと陽気にニコッと生きていく、そのためのキーワードの陳列棚なのです。

本書では、その『般若心経』で、心の中を整理整頓、そうじするものです。いまの心の中には、別の棚に移したほうがよいもの、もう不要なもの、そして、新しく加えるものなどが、それこそ雑然としていて、パンク寸前かもしれません。

そこで、本書を読み、心をそうじすれば、あなたの人生は明日から劇変することでしょう。

それでは、『般若心経』で心を大そうじするための、手順を書きましょう。

①まず、窓を開け新鮮な空気を入れる。

②掃除機を満遍なくかけられるように散らかっているものを片づける。

③はたきをパタパタかけて、ホコリを落とす。

④落ちたホコリを掃除機で吸って、取りきれぬ所のホコリや汚れを拭きそうじする。
⑤きれいになったところで、花や置物、絵などを飾る。

これで、部屋も心もきれいさっぱりして、お客さんがいつ訪ねて来ても大丈夫！

それと同じことが、「心のそうじ」にもあてはまりそうです。そうじと仏教の関係をあらわすこんな説話があります。

お釈迦さまの弟子の中に、ものを覚えるのが苦手なシュリハンドクという人がいました。お釈迦さまは彼に「お経は覚えなくてもいいよ。ただ〝チリを払って汚れを落とす〟という言葉を呪文のように唱えながらそうじをしなさい」と、ほうきを手渡します。

彼は「チリを払って汚れを落とす」と言いながらそうじを続けます。毎日毎日、続けたのです。そしてついに彼は他の弟子たちよりも早く、悟りの境地に達することができました、という話です。

「チリを払って汚れを落とす」という言葉（呪文といってもいいでしょう）と、具体的な実践とがあいまって、悟りに到る（心のチリが払われ、心の汚れが落ちる）というのです。

じつは『般若心経』は、これと同じことを、より具体的に説いているお経なのです。

つまり、**『般若心経』は心のそうじをするための、そうじ用具箱であり、一つひとつの語句はそうじ道具そのものなのです。**

さあ、楽しく人生を歩んでいくために、心に新鮮な空気を入れ、散らかった物を心の収納棚に片づけ、知らない間に積もった心のチリを払い、汚れを拭き取り、そして、心をきれいに飾って、誰が来ても優しく迎え入れることができる心の部屋にしましょう。

私とご一緒に『般若心経』というそうじ用具箱を開けてみることにしませんか。

名取芳彦《ほうげん》

目次

2章

心を磨いて、ニコッとしよう！

もっと人生が豊かになる『般若』の智慧　6項

3章

心のホコリを「一生の誇り」に変える！

見えるものだけにこだわらない『般若』の智慧　9項

4章
もう迷わなくて、大丈夫！
もっと人間関係をよくする『般若』の智慧 7項

5章 あなたが「人生の主人公」!

もっと大胆に生きられる『般若』の智慧 6項

6章 あなたの人生が変わる今日という一日！

真言で読む！　『般若心経』の醍醐味　1項

（題字、本文イラストとも著者）
（編集協力／岩下賢作）

1章

もっと陽気に生きよう！

心の荷物の正体を明かす

こころ
やわらかい
ですか
どっしり
してますか

芳彦

1

カチカチ頭を今すぐリセット！

◉「観自在菩薩《かんじざいぼさつ》」の意味

『般若心経』の主人公、観自在菩薩

『般若心経』の場面設定は、仏さまが舎利《しゃり》（子《し》）という弟子に「般若波羅蜜多《はんにゃはらみった》（彼岸に渡るための智慧）」について、説き聞かせる体裁をとっています。聞き手の舎利は、お釈迦さまの弟子の中でも知恵第一と称されるほどの知恵者。〝三人寄れば文殊《もんじゅ》の智慧〟の文殊菩薩と共に有名な人です。

その知恵者にわざわざ説く「般若（智慧）」ですから、舎利がそれまで気がつかなかった、あるいは思いもしなかった内容のはず。なんだかワクワクしてきます。

さて、このお経の主人公は観自在菩薩（別名はご存じ、観世音菩薩。観音さまで

す）。菩薩というのは悟りを求めてまだ修行中の人のことです。そして一方ではすでに悟りの境地に入る（仏になる）修行を積んでいるのに、仏にならず（成仏せず）人々を救うために具体的に動いている人のことでもあります。

その名が示すとおり、物事を自由自在に、何の偏見もこだわりもなく、ありのままに観じることができる菩薩です。『般若心経』はこの観自在菩薩が「空」という大原則を体得するための智慧について書かれたお経です。

逆に言えば最初に登場する観自在菩薩という名前に〝観じることが自在だからこそ「空」を体得することができる〟というメッセージが隠されているのです。ここでは、観自在、観じることが自在とはどういうことでしょう。ここでは、観じることが自在でない、頭が固いということから考えてみます。

見えるもの、見えなくなるもの

私のお寺では、本堂での法事の際に、お経の間でお焼香をしてもらう時間を設けています。十年ほど前に、焼香箱の横に置いておいたのが次（25ページ）の絵です。

この二つの絵は見方によって、二通りのものに見えるだまし絵です。

檀家さんがお焼香した後に、これを見てくれれば、聞いているだけでは意味のわからないお経の間、退屈しないですむと思ったからです。さらに良いことに、暇を持てあまして塔婆《とうば》の字をまじまじと見られて「あいかわらず字が下手だな」と思われる心配もありません。本堂の障子の桟《さん》にうっすら積もったホコリに気がつかれる可能性も少なくなります。——私のこんな心配はすべて杞憂《きゆう》であることに気づいたので、二年でこの絵を法事で配るのはやめました。

だまし絵はすでに中学の教科書かなにかで見たことがありましたが、僧侶になって読んだ錯覚かトリックの本で、あらためて出会いました。

ところが、この絵の下のキャプション（説明）を読んで、私は唸《うな》ったのです。そこには、一つの絵柄を見ようとするともう一つの絵が消えるというようなことが書かれてありました。何が見えるかではなく、何が見えなくなるかという視点からの説明はとても新鮮でした。それは仏教の教えと共通するのではないかと思ったのです。

一つのことに出会った時に、ひとつの見方しかできないのが私たちです。雨の日は嫌だ、年をとるのは嫌だ、批判されると人格を否定されたような気分になるなど。

しかし、別の見方もできるはずです。それが観自在です。

「雨雨ふれふれ母さんが、蛇の目でお迎えうれしいな」という歌は、雨の日が好きになった子どもの歌。年を取るということは、さまざまな人生経験を経て貫禄がつくということです。自分への批判は、貴重なアドバイスだと受け取ることができます。

固い固いアタマ

さて、十年前に話をもどしましょう。私は、お経が終わった参列者に向かって「この二つの絵に描かれている二通りのものが全部わかる人は、とても柔軟《じゅうなん》な見方ができる人ですから、何の心配もなく人生を歩んでいけるでしょう。だからこの後の私の話は聞かなくていいです」と言っていました。もちろん、この絵を初めて見る人で、合計四つの絵すべてを見抜ける方はそういるものではありませんから、私の話を聞かされる羽目になります。

左の絵は、左を向いているアヒルと右を向いているウサギ。右の絵は、モアイ像らしき左を向いている顔とコートのフードをすっぽりかぶって向こうを向いて右手を上げて立っている人。

「私の説明なしに、一つの絵しかわからなかった人は、毎日の暮らしでかなり気をつけた方がいいです。かなり考え方が偏りがちな人です。二つともわからない人は、ほとんど人の話を聞いていない人です。かなり頭が固い方です。私が全部説明しても、まだわからない人は、このまま家に帰らずにお寺で修行してください」

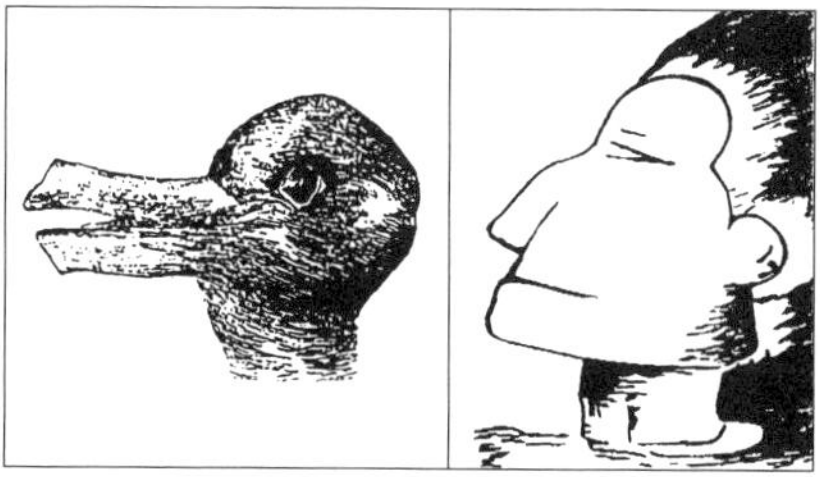

私はこの後、一休さんの「このはし渡るべからず」という話が、一休さんのトンチがすぐれていることを言わんとする話ではなく、仏教で自在な発想がいかに大切であるかを比喩として伝えようとしていることを加えました。

ある日、同じようにこの絵を使って法話をして、ではお墓参りへどうぞと参列者を出口へ誘《いざな》いました。すると、五十代半ばと思われる女性がひとり残って私に近寄ってきて、ちょっとむくれたように言いました。

「住職さん。私はさっきの絵はアヒルと顔にしか見えなかったけどね。私はうちの娘の所に遊びに来る二十歳の子たちと、一緒にワイワイ喋《しゃべ》って冗談も言うから、その子たちが帰る時には決まって『おばさんって若いね』って言ってくれるんです。

だから私は絵がわからなくたって、頭が固いなんてことは絶対ないはずなんですよ」

――そう思い込んでいるのが頭が固いと思うのですが……。

マイナスをプラスに変える

絵だけではなく、文字でも自由な発想はできます。

東京都は「トウキョウと」とも、「ヒガシきょうと（実際にはないようですが）」とも読めます。この柔軟な発想の大切さは、漢字の読み方だけに当てはまるものではありません。

特に、自分がマイナスイメージを持っている概念（不便、老い、肥満、病気など）に当てはめてみると、世界（心）が何倍にも広がります。言い換え、解釈を変えてみるのです。

『五体不満足』（講談社刊）の中で乙武洋匡さんは、商店街のイベントを手伝って失敗してしまった時、商店街の会長さんから言われたこんな言葉を紹介しています。

「この商店街では失敗という字は、経験って読むんだよ」

だれにでも、人生を歩んできたからこそ、普通言われていることとは別の、自分流の解釈をしていることがあるでしょう。

片づける　再び散らかすスペースを作る。

乳離《ちばな》れ　子ども、もしくは夫がおっぱいを恋しがらないほど成長すること。

お節料理《せちりょうり》　家庭で作られる物以外のこれにあっては、伝統工芸品の○○塗りの重箱や××焼きの器の販売を主たる目的としているのであって、料理はおまけである。

挨拶　すでに紹介済みなので「ただいまご紹介頂きました○○です」という重複表現は不要。挨拶を、拶挨と書いてしまう人は、私を含め相当な数にのぼると言われる。

喫煙者　吸い続けると「やめたほうがいい」と一生言われ、やめても「あれ？　いつやめたの？」と十年は言われる。来年、動物愛護団体から絶滅危惧種指定の予定。

ユニーク　相手を傷つけないように使用される侮蔑丁寧語の一つ。〝変わり者〟〝普通でない〟の意。

家族　こんがらがった糸。ほどくとバラバラになる。

レシート　ふつう財布の中に紙幣より多量にたまる、簡易明細領収書。

百円ショップ　店舗まるごとおもちゃ箱。レジで店員は品数を数えただけで、合計額を即答できる。二千五百円以上買い物をして、一人で荷物を運ぼうとすると指がちぎれそうになる。

自分がこうだと思い込んでいるもの、それを別の角度から考えるだけで、心の負担がずっと軽くなります。

同僚と二人で一杯飲みにいって、ひとしきり話したあと「ところで、今何時だい?」と聞かれたら、「まだ八時だよ」と答えるか、「もう八時だよ」と答えてみてください。「まだ」と答えれば相手が心の中でどう思っているのか分かりますから、「もう一杯いくか」となります。「もう」と言えば「そろそろ帰ろう」となります。

午後八時という時間をどう解釈するか、それはあなたの自由なのです。「八時」自体に「まだ」も「もう」もありません。これを般若心経では「午後八時は空《くう》であるという言い方をします(「空」については後述します)。

般若心経の主人公の観自在菩薩は、思考や感覚が硬化していない、観じることが自在な人です。その心の内を解きあかしていくのが般若心経でもあります。

心のそうじの要領は、部屋のそうじと同じようなもの、まずは空気の入れ換えから。心の窓を開けてよどんだ空気を追い出して、新鮮な空気を入れたいものです。

2
人の性格は変えられる

◉「行《ぎょう》深《じん》般若《はんにゃ》波羅《はら》蜜多《みった》時《じ》」の意味

『般若心経』は「(観自在菩薩が)深い般若《はんにゃ》波羅《はら》蜜多《みった》を行《ぎょう》じて(修行して)いた時に」という文章で始まります。ここはどうしても「般若波羅蜜多」の意味が分からないと解釈ができません。

ところが、「般若波羅蜜多」という漢字には何の意味もありません。すべてサンスクリット語の音写語だからです。

般若は「プラジュニャー」の音写で「智慧」という意味。

波羅蜜多は「パーラム・イター」で「彼岸(迷いのない心やすらかな境地)に到る」という意味です。

つまり「般若波羅蜜多」は「彼岸に到るための智慧」という意味になりますが、

より深く、広い意味があるのです。そこで、意味の限定を避けるために、あえて原語をそのまま使っているわけです。

さて、心やすらかな彼岸《ひがん》（逆に迷い、苦しみの世界を此岸《しがん》と言います）の境地に渡るための深い智慧の修行とはどういうことなのでしょう。

この項では、私がひょんなことからお医者さんから教えてもらった「修行」の意味について話を進めてみます。

認知症になっても本性は残るか⁉

ある朝、ガバと跳ね起きました。夢にうなされて目を覚ましたことは何度もあります。しかし、この時は布団をはねのけたくらいですから、我ながら夢の中とは言え、居ても立ってもいられなかったのでしょう。それは……。

「認知症になっても、その人の性格は残りますよ」

とお医者さんに言われる夢です。

私はこの夢を見るまで、人は認知症になれば、その人の性格もぼやけてしまうだろうと漠然と考えていました。もし認知できなくなる範疇にその人の性格も入るなら、舌を出すのも嫌がる吝嗇家《りんしょくか》も、虚勢を張る見栄っ張りも、清潔好き故に不潔を憎悪する潔癖性も、人の意見を聞く耳を持ち合わせていない頑固者も、みんなポカーンとしてしまうだろうと思っていたのです。

しかし、もし夢の中でお医者さんが言ったことが本当だとしたら大変なことです。心の奥底に秘めている、自分でも意識したことがない、ドロドロとした醜い化け物が姿を現すような気がしたのです。

坊さんとして偉そうに説教しているのに、いざ認知症になったら「世の中の奴らは、真実をわかっちゃいないんだ。バカは死ななきゃなおらねぇ。否、実は死んでもなおらねぇ。死んだら俺が拝んでやらぁ」「慈悲を説教する坊主にかぎって、自分じゃ慈悲に生きてないバカ坊主が多いもんだ」など、意識の表層では思ってもいないような、人を馬鹿にするような言動をするかもしれないのです。

そうなれば、子どもがなりたい職業ベスト50に〝お坊さん〟をランクインさせたいと思っている私の数十年の活動が水泡に帰す……どころではありません。子どもがなりたくない職業トップ3に入りかねません。

「修行」すれば性格も変えられる

さて、私を陰々滅々の気持ちにさせた、その悪夢を見た夕方のことです。知り合いのお医者さんが仏教談義にやってきました。私はこの時とばかりにそのドクターに質問してみました。

「先生、世間でよく〝人の性格は死ぬまでなおらない〟って言いますけど、それって本当ですか?」

「ええ、本当だと思いますよ」

「つまり、認知症になっても性格は変わらない?」

「……ですね。基本的な性格は変わらないでしょう。認知症は脳の中でも浅い部分で認知していたことを忘れてしまうので、その人の気性や性格のように脳の深いところで形成されたものは残りますよ」

「ということは、恥ずかしがり屋の人はいつまでも恥ずかしがり屋で、暴力的な人はどこまでも怒りっぽく、几帳面な人はとことん几帳面?」

「そうです。わがままな人は認知症になっても、気に入らない食事なら食卓をひっくり返す。そういうことです」

　未明の悪夢は今や正夢《まさゆめ》となり、これがほんとのドリームズ・カム・トゥルー状態。私はほとんど絶望的な気持ちになり、なかば放心状態のまま独り言のように言いました。

「そうですか。こりゃエライ事だ。なおそうとしてもなおらないのでは、私はお先真っ暗ですよ。でも、そうですよね。性格はなおらないですよね」

「いや、なおそうと思えばなおるでしょ」

　私は耳を疑いました。

「えっ？　なおるんですか？」

「そりゃ、なおそうとすれば、なおるでしょ」とドクターは逆に少しビックリした表情をして、私の顔をマジマジと見て言ってくれました。

「だって、住職。それを仏教で〝修行〟って言うんでしょ」

　まったくです。

　私はそのとき初めて〝修行〟の意味を納得した気がしました。

心の掘り起こしをしなくても大丈夫な人

ケチな人は、お金に対してどうして自分がそれほどまでに執着するようになったのか、自分にとってお金とは何なのかを心の中で掘り起こしてみるのです。**実はお金を貯めることが目的なのではなく、そのお金で幸せになることが目的なのだ**と心の奥底で納得すれば、幸せになるための手段であるお金にはそれほどこだわらなくなります。そうすればケチという性格もいつのまにか雲散霧消していきます。

その修行を怠っていると、いくら上司面《づら》して部下に気前良くふるまっても、いざという時に、お金でものごとを解決しようとして人の心を踏みにじることになります。そして死ぬ時も、枕の下の預金通帳を握りしめて息を引き取ることになります。

臆病な人は、自分が何を怖がっているのかトコトン分析してみるのです。失敗することを恐れているのか、死を畏《おそ》れているのか、人から何か言われることに怯《おび》えているのかを分析してみるのです。

誰か気の置けない人に相談するのも良い方法です。自分の親友や子どもが同じように何かを怖がっている場合、自分ならどう言って励ますのか――そんなことを考えていくと、私たちは良い方向に自分を変えることができると思うのです。

心の中にそのまま残しておくと、あとあとまで悪い影響を残しそうなものは、早めに整理しておきたいものです。

右のようなことが『般若心経』の「深般若《じんはんにゃ》（深い智慧）の修行」にあたるかどうか、正直な所、私には少々心もとないところがあります。

というのは、自己の内面をトコトン掘り起こさなくても、深般若を体得している人が世の中には随分いそうだからです。

何のこだわりもなく、好きなこと、やるべきことをしていて、その言動が人を傷つけることなく、人の心に安らぎと勇気を与えてくれる人。そういう素朴な人に出会うと、私はその皺《しわ》や瞳の中に「深般若」を感じることがあるのです。

3 思い込みを捨てれば心が軽くなる

◉「照見五蘊皆空《しょうけんごうんかいくう》」の意味

（観自在《かんじざい》菩薩《ぼさつ》が深《ふか》い般若波羅蜜多《はんにゃはらみった》を行《ぎょう》じていた時《とき》に）の後に続く言葉は「五蘊《ごうん》は皆《みな》空《くう》であると照《しょう》見《けん》した」です。

五蘊は、世の中のすべての物や現象のことだと（とりあえず）思ってください。

仏教では長い歴史の中で、どんな物でも事でも、五つの構成要素で成り立っていると分析されました。

色《しき》（肉体・物体）、受《じゅ》（感覚）、想《そう》（想像）、行《ぎょう》（心の作用）、識《しき》（意識）の五つですが、その一つひとつの説明をすると煩雑になるのでここでは省略します。

観自在菩薩はこの五つはどれも空《くう》だと照見した（はっきり分かった）というのです。

ここで空という言葉が登場します。空については「永遠不滅の固有の実体はない」「条件によって刻一刻と変化する」と考えておいていただけるといいでしょう。ものごとは条件によって千変万化してやまず、固有の実体はないのに、私たちは自分の思いで「これはこういうものだ」と固執《こしゅう》してしまいます。目、耳、鼻、舌、身体の感覚器官を通して得られた情報を、過去の経験から判断して私たちは毎日生活しているのです。言いかえれば、すべての情報がその人独自の心のフィルターを通過して、やがてその人の見方になっていくのです。

私の場合で言えば、「東京都はトウキョウトと読むに決まっているじゃないか」といった類から、「人の性格は死ぬまで変わらない」にいたるまで、思い込んでいることの数だけ行き詰まる思考回路があり、心の風通しが悪くなり苦悩の原因になります。

この項では、その思い込みのエピソードを紹介して「空」について話を進めます。

太陽は赤くない

〝夕陽は人類が滅亡しても赤いか〟

これは、かつて、人間以外の動物は色を見分けることができないと考えられていた頃の哲学の命題です。

夕焼けと言えば赤もしくはオレンジ色と決まっているようですが、それを認識できる唯一の人類がいなくなってしまえば、他の動物には色がわかりませんから、夕陽はもはや赤やオレンジには見えません。よって〝夕陽は人類が滅亡したら赤ではなくなる〟というのです。

夕陽の赤は永遠不滅だと思い込んでいる人の固定概念を、簡単にゆるがしてくれる面白い話だと思います。

さてもう一つ。常識だと思っていることがそうではないという話。

昭和四〇年代にアメリカで作られた西部劇に『レッド・サン』という映画がありました。主演は当時の世界の三大スター、三船敏郎、アラン・ドロン、チャールズ・ブロンソン。合衆国大統領に献上する宝刀を盗まれたサムライが、怪我をおった強盗団の一人と不思議な友情をつむぎながら、宝刀を取り返す話です。

この『レッド・サン』(赤い太陽)は、日本人にとっては至極当然のネーミングです。国旗の日の丸も赤ですし、多くの子どもは太陽を赤く塗ります。ところが、これが全世界共通かと言えばそうではありません。諸外国の中には、太陽と言えば黄色だという国も数多いという話を聞いたことがあります。

なるほど、地平線から離れた太陽はどう見ても赤ではありません。写実的に描くとすれば、白か黄色でしょう。

世界に配給されたサムライの登場する西部劇の『レッド・サン』は、日本人には当たり前のタイトルでも、外国人にとっては「赤い太陽？」という意味深なタイトルとして受け取られたというのです（ちなみに私は高校時代まで大の西部劇ファンでした）。

太陽の色も「空《くう》」であるということを表すおもしろい話だと思います。

赤信号はあなたを守るためにある

さて、私が車の運転をしていて、赤信号で止まった時のことです。後ろから一台のバイクがやんちゃなアクセル音をとどろかせてやって来ました。乗っている若者はヘルメットなし、車体のナンバープレートは折り曲げられています。彼は少しスピードを落とすと、赤信号を無視してそのまま大きな幹線道路を右折して行きました。

平然と走り去っていく彼を見て、信号が青に変わったのではないかと思いましたが、信号はやはり赤のままでした。

私にとって、眼前の赤信号は「今は前を横切る車がいるので、危険だからこれ以上前に進まないでください」というメッセージです。

ところが、彼にとって赤信号は「お前、止まれ！」という威圧的な命令と蔑《さげす》みのメッセージなのかもしれません。俺のやりたいことを規制し、束縛している――彼は世の中の規則をそのように感じているのかもしれません。赤信号だけでなく、ヘルメットも、ナンバープレートも彼はそのように感じて、精一杯の反抗をしているのかもしれないと、私はその時思ったのです。

そして、同時に思ったのは、規則というのは人の行動を規制し、拘束するのではなく、私たちを守るためにあるのではないかということでした。

真夏の自販機を心のフィルターに通すと

東京の八月は、建ち並ぶビル群と膨大な数の車が吐き出す熱気、そしてアスファルトの照り返しで引き起こされるヒートアイランド現象が名物です。このうだるような暑さの中、車で都心に買い物に出かけました（私自身がヒートアイランド現象の一役を買っているわけです。申し訳ないと思います）。

目指すお店の駐車場はタワーパーキング。店舗から三百メートルほど離れた場所にありました。両手一杯の買い物をすませて冷房の利いた店内から出ると、そこはサウナさながらの蒸し暑さ。一気に汗が吹き出しました。

ふー、ふー言いながら駐車場につくと、出庫待ちの先客が三人。この駐車場は先に駐車券を窓口に出した人の車から出ることになっています。三人前の人の車が出て、すぐ隣に自分の車が見えていても、非情にも自分の車は観覧車のように上へ上へといってしまいます。非効率的だと思うのですが、公平という点からすれば仕方がありません。私は、自分の順番が来るまでの時間をざっと十分弱と踏みました。

ありがたいことに、この駐車場にはベンチが六つほど置かれていたので、私は目の前の自動販売機で冷たいお茶を買ってやっと人心地がつきました。

立体ベルトコンベアーのような駐車場のカラクリを飽きずに見ていると、私の横のベンチに買い物荷物を手にやって来たのは、五十代とおぼしき男性三人連れ。その中の一人は、駐車券を窓口に出すと、先客の多さにうんざりした顔をしました。

彼は連れの二人に、冷たいものを飲むかどうか聞いて自動販売機にお金を入れました。三本のペットボトルを取り出して、二人に手渡す時に彼はこう言いました。

「まったくここは、店で儲けるだけじゃ足らないで、こんな所に自販機を置いてまで、儲けようなんて、どこまでがめついんだろうな」

私はその言葉を聞いてビックリしました。駐車場の自販機を心のフィルターにかけてそんな言葉が出力されるとは、夢想だにしなかったからです。ひょっとすると彼は、急な雨にコンビニが店頭で売り出す傘にも、同じ思いを抱くかもしれません。誰かから「ありがとう」と言われると「本気で思ってないだろう」と心の底で思うかもしれません。

物には良い悪いはない

世の中にある物体はそれ自体、何の善悪もありません。信号機は信号機。赤信号は赤信号、自販機は自販機です。その物体の形が目と視神経を通して脳に送られて、過去の知識や経験から、その人独自の「解釈」が出力され、さらに「行動」となって現れます。

包丁を料理の道具と解釈して台所で使うか、強盗の道具として使うかは、その人それぞれの解釈と行動によるのです。包丁そのものに、固有の特性はありません。

今お読みいただいているこの本にしても、情報の集積と解釈する人もいれば、リサイクル資源と考える人、重しに使う人、本棚の肥やしにする人もいるでしょう。本自体に決まった性質はありません。これを仏教では「空」と言ったり、「無自性《むじしょう》」（常に変化しないような、そのもの固有の性質はない）とも言います。

本来「空」で無自性なものが、その人の精神活動というフィルターを通すことで、さまざまな性質を帯びてきます。そのフィルターが汚れて、目詰まりしていると、結果的に自縄自縛という状態に陥ってしまいます。

本来「無自性」の物を、どんな心のフィルターにかけるか――心を丸く、大きくしていけるフィルターをセットしたいものです。そんなフィルターならば、自分の人生がにっちもさっちも行かなくなるような、行き詰まる思考回路を、別の回路につなぎ合わせて、解放してくれるバイパスのような力を持つような気がしてならないのです。

この項では『般若心経』の本文の語句の順序から、物事には永遠不変の固有の実体はないという意味で「空」について一端をご紹介しました。般若心経は「色即是空《しきそくぜくう》空即是《くうそくぜ》色《しき》」という言葉が有名なので、「空」を説くお経だと思っている方がいます。

しかし、『般若心経』は「空」の説明をしているわけではありません。「空」という大原則を照見する（わかる）ための「智慧（般若）」についてのお経だということを覚えておいてください。

4 どんな激しい〝雨の日〟も楽しみになる考え方

◉「度《ど》一切《いっさい》苦《く》厄《やく》」の意味

「度《ど》一切《いっさい》苦《く》厄《やく》」の「度《ど》」は動詞で、仏教では「悟りの世界に渡す」という意味です。私たち日本人が勘違いするのは「厄」という字です。中国語の「厄」は、つかえて進退に窮するさま、つかえ、行きづまりという意味だけで、日本語の厄年や厄払い等で使われる不吉な回り合わせという意味はありません。

つまり「度一切苦厄」は「すべての苦しみや行きづまりを、悟りの（心やすらかな）岸に渡した」という意味になります。

ここで、面白いのは観自在菩薩が深い般若波羅蜜多を行《ぎょう》じていた時に、すべてのものは空だとわかって、「苦厄を無くした」とは書いていないところです。苦しみや厄となるものを消し去ったのではなく、悟りの岸に渡してしまったのです。

消し去ることができない苦や厄は、解釈を変えるだけで、そのままの姿で安楽の種に変化させることができるということが、この語句の中に暗示されているような気がします。

ここでは、その例として、雨を題材に考えてみます。

一本の〝お気に入りの傘〟が憂鬱な心をとり払う

東京で三代続く傘職人さんのインタビューをテレビで見ていた時のことです。これからどんな仕事をしていきたいですかという質問に対する職人さんの答えを聞いて、私は心がほのぼのとしました。

「私の傘を買ったお客さまが、雨の日が待ち遠しくなるような傘づくりをしていきたいのです」

私ならば、丈夫な傘、使いやすい傘、忘れたくない傘くらいしか思いつきません。しかし、職人さんは傘を使う私たちが「早く雨が降らないかな。降ればあの傘がさせるのに」と思ってもらえるような傘を作りたいと言うのです。

自分の作ったものを使ってくれる人のことを三代にわたって考えてきたその言葉に

は、人への温かい思いがあふれていました。

天気予報で「明日は雨です」と聞けば、多くの人は憂鬱な気持ちになることでしょう。傘という荷物が一つ増えれば、行動も制限されます。服も靴も濡れてしまうでしょう。そのために、雨の日は心の負担がいつもより何倍も増えたような気分になるものです。

しかし、お気に入りの傘を一本持っていれば、雨の日だからこそ心は晴れて、嫌だった雨の日を楽しみに待つことができます。鼻唄の一つも出るかもしれません。

傘の置き忘れなど恐れずに、清水の舞台からとびおりるつもりで、お気に入りの傘を一本買ってみてはいかがでしょう（私は携帯電話より軽いというふれこみの折り畳み傘を買いました。おかげでウキウキして雨を待っています）。

日本人の〝雨もまた良し〟の知恵

雨はまた、イベントの主催者にとっても頭痛の種です。運動会や屋外の祭り、旅行などは、晴れれば八〇パーセント成功だと言われます。屋内でも同様で、私がライブハウスで月に一回やらせてもらっている声明《しょうみょう》（節付きのお経）のライブも、雨の日はお客さんの入りは少なくなります。

そんな中で、私たちの先祖は〝雨になったのにはそれなりの理由がある〟というプラス思考の解釈をしてきました。落成式や結婚式など、ハレの日が雨になった場合に、来賓は「雨降って地固まる」という祝辞を用意して、そこにいる参加者全員と共に雨の日が吉兆であることを確認します（この表現は最近ではやや陳腐な言い回しと取られるようになりました。「地面が固まったら、今度は雨のはねっかえりが多くなるぞ」とアマノジャクのようにおっしゃる御仁もいます）。

お通夜やお葬式などの仏事が雨になると、施主（喪主）は「足もとの悪い中を申し訳ありません」と恐縮しながら挨拶します。多くの道が舗装された都市部では、この言葉の本来の意味はなくなりつつあります。それでも大雨の時などは参列者の足もとはびしょ濡れですから、申し訳ないと思うのは当然のことでしょう。

しかし、そんな施主の言葉に対して私たちは「いいえ、どういたしまして。涙雨《なみだあめ》ですから」とにこやかに応えます。亡き人に対して、人々だけでなく、天も悲しみの涙を流していると感じられれば、空を仰いで「天よ、あなたもか……」と悲しみが半分になるでしょう。

〝雨降って地固まる〟という常套句にしても、〝涙雨〟という麗《うるわ》しい表現にしても、一般的に不都合（苦）と考えられている雨が、好都合であり、心豊かな情念の証《あかし》だと捉える術です。もちろんそこに、主催者側に「雨にもかかわらず申し訳ないと思う負い目（精神的負担）」をかけない、いたわりや優しさの側面があることも忘れたくないものです。

「生《しょう》・老《ろう》・病《びょう》・死《し》」という四つの苦

とは言え、行事や旅行に向いている天気はやはり晴れ。この心情の根底には「晴れればありがたい」「晴れれば好都合だ」という思いがあります。逆に言えば雨が降り、天気が自分のご都合通りにならないと、私たちはそれを〝不快〟と感じます。

仏教では、この「ご都合通りにならないもの」＝「苦」であるとします。その苦の代表格と言われるのが四苦《しく》（生・老・病・死）です。

このうち老いと病気と死が苦（ご都合通りにはいかないこと）であることは、なんとなくわかります。

問題は最初の〝生まれること〟です。どうしてこれが苦なのでしょう。

私たちは、時代、国、性別、親のどれをとっても、自分の思い通りに生まれた人はいません。ですから「生」も苦なのです。しかし、一般的に私たちは自分が生まれたことを苦しいとは感じません。実は、この生まれることを苦と感じないことが、他の苦を解決する大きな足がかりになります。

苦はご都合が働くから生じる

なぜ、自分が生まれたことを苦と感じないかと言えば、その裏側に「ご都合通りにしたい」という欲がないからです。私たちは「自分のご都合通りにしたい」と思わなければ、自分が直面する問題を苦とは考えません。前述の老の裏側には「年をとりたくない」、病の裏側には「病気になりたくない」、死の裏側には「死にたくない」などの自分のご都合が働いているので、苦と感じるのです。

苦を苦と感じない、否、逆に心が楽でいられる方法の一つは、これら多くの自分のご都合（我執）をなくしていく方法です。そして、もう一つの方法が傘職人の言葉にあるように、苦をより大きな楽で包み溶かしてしまう方法です。どちらか一つの方法にとらわれる必要はありません。事に応じ、時に即して、バランス良く苦を楽に転換していけたら、世の中丸ごとＯＫ！　の心境になれるはずです。

『般若心経』はここまでが一つのまとまりになっています。

「観自在菩薩《かんじざいぼさつ》が深《ふか》い般若波羅蜜多《はんにゃはらみった》を行《ぎょう》じていた時《とき》に、五蘊《ごうん》は皆空《みなくう》であると照見《しょうけん》して、一切《いっさい》の苦厄《くやく》を度《ど》したのです」――一つの結論めいた内容を冒頭に配置する手法は、なんとなく傑作小説の書き出しを彷彿《ほうふつ》とさせるものがあります。

心の中によどんでいた空気を新鮮な空気と入れ換え、心の中を見まわして、何が必要で何が不要か、何が心の負担になり、何が心を楽にしてくれるのかを見きわめる……心のそうじはそこからスタートです。

2章

心を磨いて、ニコッとしよう！

もっと人生が豊かになる『般若』の智慧

姿より
香りに生きる
花もある

芳彦

1 命の重さを自分で考えてみる

◉「舎利子《しゃりし》　色不異空《しきふいくう》　空不異色《くうふいしき》　色即是空《しきそくぜくう》　空即是色《くうそくぜしき》」の意味

ここから『般若心経』は、さまざまな仏教の考え方や教えを提示して、それを「空」というフィルターにかけていきます。

舎利はこの教えの聞き手の名前で、お釈迦さまの弟子。子は立派な人につけられる敬称です。

すでに冒頭で、観自在菩薩が五蘊《ごうん》はすべて空だと見抜いたことが記されていますが、ここで再び仏さまは、舎利にその五蘊のうちの一つ、「色《しき》（物体のこと）」が空《くう》と異なることはない、条件が集まっているにすぎないことを否定表現で「色《しき》は空《くう》に異ならず」と説きます。

そして色と空を入れ換えて「空《くう》は色《しき》に異ならず」と続けます。これは「空」という大原則が物体（色）を形作っているのだという意味です。形あるものは空という原則からはずれて存在することはできないと解釈していいでしょう。

次に「不異《ふい》（異ならず）」という否定表現を、「即是《そくぜ》（即ち是れ）」という肯定表現に変えて同様のことを繰り返して説きます。これが有名な「色即是空《しきそくぜくう》 空即是色《くうそくぜしき》（色は即ちこれ空、空は即ちこれ色）」です。

単なる物体だと思っていたものを空というフィルターに通した時、それまで考えていたことと違った側面が見えてきます。それは、物体がさまざまな条件（仏教では縁といいます）の集合体だということです。まるで映画『マトリックス』の中で、すべてがデータの集合体として見える場面と似ています。

フィルターを通して、すべてがデータとして見えるなどと書くと、とても事務的な作業で人の心が通っていないように感じられるかもしれません。しかし、『般若心経』では直接扱わない仏教の大切な考え方に、智慧（般若）と双璧をなす慈悲という考え方があります。ここを分からないと「物は色々なものの集まりね。なるほどね。それで何？」で終わってしまいます。

空《くう》と慈悲というダブルフィルターをかけることで『般若心経』は、イキイキと私たちの日常に活かされたものになるのです。

　そんなことを考えていた私が、ダブルフィルターというのはこういうことかなと思い、実際にやってみたことがあります。

〝アリの心〟を想像する

　長男が三歳の頃のことです。夏の暑い日、お寺の裏庭で彼が遊んでいました。自分の足元を見て「ガッシーン、ガッシーン」と言いながら大きく足踏みをしています。私は何をしているのだろうと、近づきました。すると、驚いたことに、ゴレンジャーのイラスト入り靴をはいた彼の足元には、三、四十も累々《るいるい》とアリたちの死骸がならんでいたのです。

　子ども番組のヒーロー、ゴレンジャーになりきった彼は、何やら黒ずくめで徒党を組んでうごめくアリたちを敵だと判断したらしいのです。

　私が近づいたのを心強く思ったのか、彼はさらに「どうだ、お前たちなんかには負けないぞ」と言いながら、アリの行列の分断作戦に拍車をかける猛攻撃。アリたちは、上からせまり来る自分の何百倍も大きな靴の黒い影から必死に逃げまどっていました。

私は長男の肩に触って「ちょっと待った」と制止しました。

「このアリたちは、どこがおウチ?」と聞くと、竹垣の根もとにある巣穴を指さして
「あそこが基地なの」と答えました。

「そうか、あそこがおウチで、みんなあの穴から出てきているんだね」

「そうだよ」

「いま、踏んで死んじゃったアリさんたち、一人一人には、あの穴の中で待っているお父さんやお母さんがいるんだよ。兄弟も待っているかもしれないよ」

長男は、じっと下を向いたまま動かなくなりました。

私がお墓を作ってあげようと穴を掘って「一緒に埋めてあげよう」と言うと、長男は「いやだ!」と言って、堰を切ったように泣きじゃくりました。長男の目から落ちた大きな涙が、夏の乾いた土の上にポツ、ポツと黒い模様を作りました。

以来、長男は虫を殺すことができなくなりました。虫も殺さぬとはまさにこのことでしょうか。

〝いただきます〟の意味

大人が子どもたちに〝命〟について話をする機会はたくさんあります。

家族連れで高速道路を走っている時、前方に牛や豚を載せたトラックが見えます。本物を見たことがないわが子に、実物を見せてやろうとトラックと並走して走り「ほら、豚さんだよ。大きいね」「大きな牛さんだね。ヨダレだらだらだね」と社会勉強をさせてやります。やがてトラックを追い越して、サービスエリアで小休憩。小腹が減ったのでハンバーガーを食べます。

じつは、ここが大切な時です。さっき見た牛と、今食べているハンバーガーとは密接な繋がりがあります。大人はここで子どもに何か言ってあげるべきだと思うのです（まず大人がその繋がりに気づくことが大事ですが）。

そして翌日の朝、ハムエッグが食卓に並びます。ここも大切な時。昨日見た豚と、いま食べようとしているハムとの関係を話すことは、難しいことではないでしょう。

例えがかなりリアルなので、嫌な思いをされる読者もあるかもしれませんが、こういうことは、心の底からわかっていないと付け焼き刃の説教になってしまうので、不快ついでにもう一つ（我ながら嫌な性格ですが、ご容赦のほどを）。

仲間と回転していないお寿司屋へ行った時のことです。まず、ビールとお造りを注文しました。ビールで全員が喉《のど》を鳴らします。そして、綺麗に盛りつけられた刺身の盛り合わせがテーブルに運ばれてきました。

〝いただきます〟も言わずに、真っ先に赤身のマグロを頬張った一人が思わず、「さすが、お寿司屋さんのお刺身は新鮮で旨いな」と舌鼓《したつづみ》を打ちました。そこで、私はすかさず、ボソリと言いました。

「あのな、新鮮ってことは、言い方を変えると〝殺されたて〟ってことだぜ」

「お前、坊主のくせに、嫌なことを言うなあ」

「坊主だから、嫌なことを言うんだよ」と私は開き直りながら、「では、マグロどの、あなたの命をいただきます」と言って箸をのばしました。

命をいただくからこそ「いただきます」「ごちそうさまでした」だと思うのです。

偉そうなことを書いていますが、右のようなことを法話で話している私自身、ギャフンと言ったことがありました。先輩のお坊さんと話していた時のことです。

「芳彦さん、知ってるか。自分の家の食事では〝いただきます〟〝ごちそうさま〟が言える子でも、ファミリーレストランでは言えない子が多いんだよ」

「ギャフン……」

子どもの話ではありません。私がそうでした。レジの店員さんに〝ごちそうさま〟と言っていますが、食事を終えたテーブルで、肝心の〝命〟に対して〝ごちそうさま〟を言えていなかったのです。我が身の至らなさを痛感したのをおぼえています。

今日食べた食事、あなたは何回〝命〟に対して〝いただきます〟〝ごちそうさま〟を言いましたか？


食べ物が食卓に並んだ時、そこに農家、漁師、運送した人、調理した人など数多くの縁を観じて、「空（縁によってこの食事は今ここにある）」をふっと思ってみてください。そして何よりそこに命の犠牲があることも。死を含めた命を考えることなしに、心のそうじはできないでしょう。

2 なぜ、仏教は心に響くのか？

◉「受想行識《じゅそうぎょうしき》　亦復如是《やくぶにょぜ》」の意味

ここは前出の「色《しき》」を受けて、五蘊《ごうん》のうちの残りの四つも空と異ならず、即ちこれ空であると述べる部分です。一々について「□不異空」「空不異□」「□即是空」「空即是□」と繰り返すことを省略して「（色《しき》と同様に）受《じゅ》・想《そう》・行《ぎょう》・識《しき》もまた、かくの如しである」と述べる部分です。

色《しき》（物体）以外の四つは、受《じゅ》（感覚）、想《そう》（想像）、行《ぎょう》（心の作用）、識《しき》（意識）で、私たちの感覚器官と精神作用のことだと思ってください。

簡単に説明すると、目で見たものが脳に送られて初めて私たちはその像を見たことになります。これが受《じゅ》（感覚器官）と想《そう》（想像）です。その像が何であるかを過去の知識から判断することが行《ぎょう》（心の作用）。そしてそれに快、不快などの感情が沸き起こります。これを識《しき》（意識）だと考えていただければいいでしょう。

　この項では、前項で色である「命」を空と慈悲のダブルフィルターにかけたのと同様に、精神作用である「人の思い」を仏教というフィルターに通したら、こんなことになるだろうと思った体験談をご紹介しましょう。

「お見舞いに行かないお見舞い」も大切

　私のお寺――もちろん〝私のお寺〟ではありません。檀家さんのお寺です。私はたんなるその寺の住職。分かりやすいので仕方なく使っています――で、三年半に亘《わた》って月に一回「話の寺子屋」という話の勉強会の講師をしてくださった村上正行さん（大正十三年生・元ニッポン放送アナウンサー）が、身体に軽い黄疸《おうだん》が出て、検査入院をした時のことです。
　村上さんは無類の医者嫌い。NHKからニッポン放送時代を通して五十年近く健康診断は受けたことがない方でした。くわえて「人はいつだって明るくなくちゃだめです。イキイキしてなきゃ」が口癖でした。その村上さんが入院したのです。ご本人からは〝お見舞いお断り〟のお達しが出されました。私は二十年来おつきあいをさせていただいていましたし、「話の寺子屋」の主催者ですから、どうにか病院名だけは教えてもらいましたが、人には言わないようにと釘をさされました。

私も、亡くなった父や母の看病をしていて、義理のお見舞い客の煩わしさは知っているつもりでした。入院生活はたとえ検査入院であっても、本人は、検査、検査の連続でクタクタになっています。そこへ、家族以外の方がお見舞いに来られ、無理に起きて面会しなければならない辛さはよく分かっていました。

二十代の頃にがんセンターの先生と話していた時、「お見舞いに行かないお見舞いも大切なのです。手紙などはとてもいいお見舞いです」という話を聞いて、得心したものでした。

私も村上さんが入院してから三週間は面会を我慢していましたが、たまたま病院のそばまで行ったので、少しだけ顔でも見ていこうと立ち寄りました。病室へ行くと、村上さんは六人部屋の窓際のベッドにあぐらをかいて、枕にカバーをかけていました。

「村上さん、こんにちは」

「あれっ。芳彦さん、来てくれたんだ」

「すみません。お見舞いご無用は知っているんですが、ちょっとそこまで来たもんで」

「いやぁ、嬉しいなあ。ここじゃなんだから、隣の談話室へ行きましょう」

なるほど、声が通るアナウンサーと坊さんですから、病室でしゃべっては周りの方に迷惑です。

外は雨でしたが、大きな窓があって開放感ある談話室でした。私はテーブルをはさんで村上さんの正面に座って聞いてみました。

「で、どうですか。初めての入院生活は」

「それがね、まったくイヤになっちゃいますよ。だって、考えてもごらんなさい。ここにいるのは、私の大っ嫌いな医者と病人しかいないんだから」

「そりゃ、そうですね（笑）」

「いや、その病人の目がね、自分のことしか考えていない目をしているんですよ」

「…………」

「私はね、ここにいる間にそんな自分のことしか考えていない人たちの目を、たくさん観察しようと思ってるんです」

そう話す村上さんの目は、まるで入院している人とは思えないほど、キラキラと輝いていました。

五分ほど楽しく話した後、私は病院を出て、傘をひろげ、今出てきたばかりの高くそびえる病院の建物を見上げました。村上さんの部屋は六人部屋でしたが、私が入っていった時、村上さん以外の方々のベッドはカーテンが閉じられていました。それはまるで、自分の中に閉じこもっているようでした。

私の父や母が入院していた大部屋では、ほとんどのカーテンは開かれていて、それぞれがテレビやラジオをイヤホーンで聞いたり、本を読んでいたりしていたものです。それから二十年で、こんなふうに変わってしまったのでしょうか。

最近の病院はとてもきれいになり、中にはホテルと見紛《みまが》うばかりの施設を誇る病院もあります。しかし、いくら施設を充実させても、どうしても払拭《ふっしょく》しきれない病院独特の〝暗さ〟があるように思うのです。それは村上さんが言う「自分の事（病気だけではありません）しか考えていない人たちが集まっている場所」だからなのかもしれないと思いました。

問題解決のためのタイマーセット

私も入院すれば、きっと〝自分のことしか考えない〟患者になってしまうでしょう。

しかし、村上さんのひとことが、「まずいな、自分のことしか考えてないじゃないか」と気づくことができる、タイマーをセットしてくれたような気がするのです。

右の話は直接仏教には関係がありません。しかし、仏教は予防医学のような効果があるものです。ある出来事が現実になる前に、考え、覚悟をしておくのです。そして、いざとなったら、セットしておいたタイマーが働いて、オン状態になり、現実にしっかりと対峙できる可能性が大きくなります。

人の心も、条件によって変わるという空の大原則から漏れることはありません。その変わる心を、自分のことだけ考えずに他の人への関心を持つという慈悲のフィルターを通したことで、私はいざという時の仏道のタイマーをセットすることができたような気がするのです。

仏教による心のそうじは、現在をそうじするだけでなく、将来の心のそうじにも役立ちます。

3

蓮は汚れた水の中から花を咲かせる

◉「舎利子《しゃりし》　是《ぜ》諸法空相《しょほうくうそう》」の意味

ここで再びお釈迦さまは舎利に呼びかけます。日本では、話の途中で相手の名前を何度も呼びかけることはしないようです。しかし、意識的に会話の途中で「○○さん、あのね」と相手の名前を入れると、相手と自分をつないでいる、たるみかかった糸を再びピーンと張らせる効果があります。

呼びかけた後に「是《こ》の諸法《しょほう》の空《くう》なる相《そう》は……」と続きます。諸法は宇宙まるごとという意味です。さまざまな形や働きなどで宇宙は成り立っているので、〃諸々の〃という意味で諸と言います。相は、ここでは特性という意味で使われています。

「私たちがいる宇宙に存在する、いかなる物体にも働きにも見いだすことができる空という特性は……」というのが「舎利子《しゃりし》　是《ぜ》諸法空相《しょほうくうそう》」の意味です。

そこでこの項では、だれもが遭遇している現象（諸法）の中から老い・病気・死を取り出して、そこから見いだすことができる仏教の大切な教えについてお伝えしようと思います。

「三人の使者の物語」のたとえ

ある大悪人が死んで、閻魔《えんま》さまの前に行きました。大悪人だけに地獄行きは誰の目にも明らかでした。しかし、悪人はこの期《ご》に及んでも言い訳を始めます。

「私の生まれた境遇が悪いのです。私がこうなったのは私のせいではありません」

「私の育った環境が悪かったのです。私のせいではありません」

「社会が悪いのです。何をしようとしても上手くいかないので仕方がなかったのです」

悪人の言い訳がつきたところで、それまで黙っていた閻魔さまは静かに言いました。

「私は、お前が悪いことをする以前から、そして悪事を重ねている間も、それ以上悪いことをしないように、絶えず三人の使者をお前のそばに差し向けたが、気づかなかったか」

「三人の使者なんか、来ませんでしたよ」

悪人には本当に思い当たるようなことがありませんでした。

「そんなはずはあるまい。お前は生きている時に病人に出会ったことがないか」

「病人ならたくさん見ましたよ」

「その病人こそが、第一の使者だ」

「…………」

「病気になった人を見て、どうして〝自分もいつまでも元気でいられるわけではない。いつ病気になって、誰かのお世話にならなければならないから、善いことをしておこう。もう悪いことをするのはやめよう〟と思わなかったのだ」

「病人を見たって、ああなったらおしまいだとしか考えませんでした」

「愚か者め。では、第二の使者はどうだ」

「知りません」

「お前は年寄りを見たことがないと言うのか」

「年寄りなら、うんざりするほど見ましたが」

「それこそが、私が送った第二の使者だ。多くの年寄りを見ていながら、〝自分もいつかは歳をとる、このままでは誰からも嫌われながら一生を送る〟とどうして反省しなかったのだ」

「歳をとる前に金をためようと、強盗に入ったんです」

「不埒者《ふらちもの》め。その様子では、第三の使者にも気づかなかったであろう」

「誰のことです？」

「お前は葬式を見たことがないのか。死こそが私が遣わした第三の使者だ。人はいつか死ぬことをせっかく教えてやったのに、生きている間に心を磨くこともせず、傲慢と損得とずる賢さという心のトゲばかりを増やしていったのか」

「心を磨いたって、何の得にもならないじゃないですか」

「たわけ者め！　お前のような奴は、地獄へ堕《お》ちるがよい。地獄には、お前のような自分勝手で、人を裏切ることを何とも思わず、自分を護るためだけに言葉を使うヤカラしかおらぬ。お互いが敵同士じゃ。心の休まる時など一瞬もない。こやつを、地獄の底へ連れていけ！」

閻魔さまは、悪人が引き立てられていく後ろ姿を見て、あわれな奴よとつぶやきました。

蓮の花を見習う

仏教では蓮を大切にします。蓮は汚れた水の中からすっくと茎《くき》を伸ばして花を咲かせますが、その茎も葉も花もその汚れに染まることがありません。私たちがどんな環境に生きていても、否、汚れている中だからこそ――多くの悩み、苦しみ、悲しさの中に生きているからこそ――清らかな心の花を咲かせることができると考えるのです。蓮は、それを象徴しています。

自分の生まれた境遇、育った環境、社会が、どれほど不幸で劣悪できびしくても、否、そういう条件であるからこそ、逆に心を磨くまたとないチャンスでもあります。

作家の遠藤周作さんは、晩年の著書の中で「病気や老年は人間にとって神さまが『自分の素顔をみてごらん』とおっしゃって鏡をわたしてくださったのだ、というような気がしてきてしまいます」（『死について考える』光文社刊）と言っています。

歳をとってからでなくとも、病気になる前からでも、私たちの日常（諸法）の中に〝本当の自分の素顔をみてごらん〟というメッセージが次々に現れています。

そのメッセージをしっかりと受け止めて、今、ここで、――小さくてもかまいませんから――心の花を咲かせていきたいものです。

〝今、ここで〟を実行していくと、やがてあなたの人生がきれいな蓮の花で埋まっていくことでしょう。

お寺の境内や道端で蓮の花の上にいる仏さまを見かけたら、蓮の花の意味と、この三人の使者の話を思い出してみてください。あなたの心に、すっくと茎を伸ばした小さな花が咲くはずです。そうじしたあなたの心の部屋に。

4 「生まれる前」と「死んだ後」という考え方

◉「不生不滅《ふしょうふめつ》」の意味

「世の中はどんなことでも、空《くう》（条件によって変化して、固有の実体はない）という特性を持っている」というのが前項の「是諸法空相《ぜしょほうくうそう》」でした。

そして、ここから「六不」の譬《たと》えといわれる語句が続きます。「不生《ふしょう》・不滅《ふめつ》」「不垢《ふく》・不浄《ふじょう》」「不増《ふぞう》・不減《ふげん》」の三対です。この三対は相対する言葉ですが『般若心経』では異なる概念にとらわれてしまう私たちの考え方に「喝！」を入れて、融合させてしまうことを説いていきます。

まずは最初の不生不滅。生じることもなければ滅することもないということです。

これを物に当てはめれば、何かの製品ができあがったというのは、さまざまな物質とアイデアと条件の融合した姿です。無から生じたわけではありません。またそれが壊れたということは、壊れるという条件が一つ加わったということで、その形や性能が変化したということです。無になったわけではありません。

「形あるものはいつか壊れる」とは良く言われることですが、この言葉を単なる「壊れたことの諦《あきら》め」として使うには常々もったいないと思います。この言葉の中に空にせまるヒントが隠されているのです。

では、この不生不滅を、私たちの命に当てはめてみるとどうなるでしょう……。

閻魔大王縁起とは……

東京の江戸川区にある密蔵院には歩道に面して迫力あるブロンズの閻魔《えんま》大王がいて、道行く人を睨《にら》んでいます。台座の石の高さが百二十センチ、座っているご本人（？）の高さが百二十センチなので、総丈二メートル四十センチの高さになります。周囲は溶岩で囲まれ、夜になるとライトアップされて、まるで岩風呂銭湯の番台に座って睨みをきかせているようなお姿。

閻魔さまの前には石の手水鉢《ちょうずばち》があり、そこにひしゃくが置いてあります。ほかにお線香をあげる場所もお賽銭箱もありません。手水鉢横の溶岩に嵌《は》め込まれたプレートには、次の文章が浮き彫りされています。

この王、人類史上初の死者なり。よってあの世の大王となる。他に九人の王たちを従え、死者を裁く権限を有する。私たちは死んでのち三十五日目には、この王の前に立ち、生前についた数々の嘘を調べられる。

この場においても懲《こ》りもせず虚言すれば、ただちに舌を根こそぎ抜かれる。なぜ嘘が見抜けるかといえば、この王、死者の生前の善行悪行がもれなく記載されている「えんま帳」を持つがゆえである。

嘘をついても屁とも思わず、否それをも正当化しようとする昨今の風潮にいたく立腹され、このたび憤怒《ふんぬ》の姿をこの地にあらわされた。心からの反省の念をもって王に水をかけ、願うべし。「どうか私のついた嘘を水に流してください」と。

町なかにあるお寺には、檀家以外の人はなかなか足を踏み入れてくれません。入ってくだされば、いろいろな仏さまとの縁結びをしていただけるのですが、どうも入りづらいようです。そこで、入らなくてもいいから、仏教と縁結びをしてもらおうと、門横の塀の一部を壊して、外からしかお参りできない閻魔さまにご登場いただいたというわけです。

人間、死ねば無になるか

この閻魔さまが完成したのは、平成十五年五月のことです。それから二ヵ月たった七月のある晩。いつものように犬の散歩にでかけようと、自宅の門から歩道へ出て、三十メートル左側の閻魔さまの方を見ると、あら大変、です。今にも怒鳴り出しそうな口元と、グワッと見開いた眼を効果的に照らすように、電気屋さんと苦労して角度を調節したライトが、何者かに今まさにイタズラされているのです。

犬を従えて近づいてみると、自転車が二台。そして高校生らしき男の子二人が、アチチッと言いながらライトの角度を変えて遊んでいました。

ここから、その二人と和尚の会話が始まりました。

「おいおい、そのライトはいちばんおっかなく見えるように苦労してセットしてあるんだから、イタズラしないでくれよ」

さすがにイタズラの現場を見つかった二人は、気まずそうです。

「あっ、すいません」

「やけどしないように、ちゃんと元に戻してくれよ」

二人は再びアチチと言いながら、ライトを元の角度に直しました。すると、少しの沈黙の間が居たたまれなかったのでしょう。一人が閻魔さまを指さして、私に聞きました。以下、その子と私二人の会話です。

「これって誰ですか」

「えっ？　誰って、でっかい帽子かぶって、その真ん中に王って書いてあるこの人、知らないの？」

「知らないッス」

「これね、閻魔さまだよ」

「ふーん、エンマ……」

知らないのも無理はありません。彼らの親、つまり私の年代の親たちは、子どもに「嘘をつくと閻魔さまに舌を抜かれるぞ」とは教えていないのです。そんなことを言おうものなら、「本気で信じて言ってるの？」と聞き返されることが明白だからです。

それでも私は彼らに言いました。

「あのさ、君もおじさんもいつか死んじゃうだろ。さて、死んじゃってから三十五日目だ。この王さまの前へ行かなきゃなんないんだよ。それで、生きている時に、どんな嘘をどれくらいついたか調べられちゃうんだ。悪質な嘘を言ってたり、その場でも性懲《しょうこ》りもなく嘘をついたら、ペンチみたいな道具（ヤットコと言ってもわからないのでとっさに言った言葉）で、舌を根こそぎ抜かれちゃうんだよ」

　すると彼は、バカにしたように言いました。

「そんなこと、死んじゃえばわかんないじゃん」

「えっ？　そうか。死んじゃえば、意識も何もなくなってしまって、ぜんぜんわかんなくなっちゃうか」

「そうだよ」

「そう考えてるのか……あのさ。君、おじいちゃんやおばあちゃん、まだ生きてる？」

「おじいちゃんは死んじゃったけど、おばあちゃんは生きてるよ」

「じゃ、そのおじいちゃんのお墓参りしたことある？」

　彼はちょっと自慢げに「あるよ」と答えました。

「へえ。お墓参りに行ったことあるんだ」

「うん」

「じゃ、聞くけどさ。君は、死んじゃって意識も何にもなくなってしまったおじいちゃんのお墓のまえで、手を合わせて、いったい何を思うわけ？」

彼は一瞬呼吸を止めたように見えました。すると、隣で私たちの会話をずっと聞いていたもう一人の子が、腕組みをして、「うーん」と唸りました。

若い彼らにとって、自分が頭だけで〝人は死んだら無になる〟と考えていたことと、お墓参りという自分の行動の矛盾を、初めて意識した時だったかもしれません。

「おじさんはさ、人間、死んじゃえば無になると考えるよりも、君がお墓参りの時になんとなく思っていることのほうが、ずっと人間的だし、君がいい人になるためにいいことだと思うよ」

もう遅いから気をつけて帰りな、と彼らと別れて、私と犬は散歩を続けました。この間、犬は、とても退屈そうにオスワリしていました。

死後と生まれる前は一緒だ

年に何回か「住職さん。人は死んだら、本当は、どこへ行くんですか」と聞かれることがあります。質問に対して質問を返すのは、会話として反則ぎりぎりの行為ですが、時には仕方がないことがあります。私にとってこの「死んだらどこへ行く」と質問された時が、質問で返答する時です。

「死んだらどこへ行くのかって聞く人ほど、では自分は生まれる前はどこにいたかってあまり考えないものですが、私たちは生まれる前にはどこにいたと思います？」

ほとんどの方は首をふりながら、さあ、と答えます。そこで、私の考えを申しあげます。

肉体的に、父の精子でも、母の卵子でもなかった時、私たちは精子や卵子となるべき栄養物だったかもしれません。その物質も、両親が食べ物などから摂取したものだったでしょう。だとしたら、私はもろもろの食べ物の一部として、世の中に存在していたことになります。その食べ物も土の中の栄養分を吸収したり、太陽エネルギーを吸収して育っていますから、私は土の栄養分だったかもしれないし、太陽エネルギーの中にいたかもしれません。いずれにしろ、この身体が無から生じたとは考えられません。膨大な物質が形を変えて、現在の私を作っています。

同じように、心や意志も、無から生じたとは考えづらいのです。肉体を構成する物質の一部に意識を形成する機能があったとすれば、やはり私の精神は宇宙のどこかに、ほとんど霧の水滴一粒程度の状態かもしれませんが、存在していたでしょう。

この考え方は、死んだ後のことにも当てはまります。火葬場で焼かれれば、炭素になり、熱になり、煙となって、私が生まれる前の状態に戻ります。意識にしても無にはならないだろうと思います。その状態を、人は「あの世」「天国」「地獄」と呼びます。

こう考えると、死は無になることではありません。一つの変化の過程、通過点と考えることができます。

お経は死者のためのものではない

仏教の教えに関心を持ちはじめた方から時々質問を受けます。

「般若心経にはとても素晴らしいことが書いてあるのに、どうしてお坊さんは死んだ人にしかこのお経を読まないのですか。死んだ人に読んでも分からないじゃないですか」

これだけ問題意識を持っている方が増えると仏教はずっと面白くなると思います。えらそうな事は言えないのですが、この疑問を持つ方は『般若心経』の中の〝不生不滅〟をまだご自分の経験に照らして考えたことがないのではないかと思うのです。

『般若心経』は死も超えた世界観（宇宙観）を示す教えでもありますから、拝むほうは生きている人と死んだ人を区別する必要はありません。もちろん生きている間にその内容を体得できるに越したことはありません。その意味で、本書を手に取っていただき私はとても嬉しいのです。

せっかく心のそうじをしているのに死についてだけは「死んだら終わり、無になる」と考えている人に会うとさびしい気がします。まるでそうじのやり過ぎで、何の生活感もなく、寒々としてしまったモデルルームのような部屋に足を踏み入れたような気持ちになるのです。

5 トイレそうじとは自分を磨くこと

◉「不垢不浄《ふくふじょう》」の意味

「不生《ふしょう》不滅《ふめつ》」に続くのは「不垢不浄《ふくふじょう》」。「垢《あか》がつくこともなければ、浄《きよ》らかということもない」つまり、「汚いも、きれいもない」ということです。

汚い、きれいと言って、まず私が思い出すのは、トイレの話。哲学的な話題よりも、具体的なエピソードでご紹介します。

義理人情は仏教の入り口

密蔵院では、浪曲《ろうきょく》の会を二ヵ月に一回開催しています。今の時代にどうして浪曲かと思われるかもしれませんが、友人に誘われ、浅草の木馬亭で聞いた生《なま》の浪曲がきっかけでした。

浪曲の演目（外題《げだい》）は歌舞伎、浄瑠璃、講談、落語の中にも重複するものがたくさんあります。その中で、三味線と浪曲師の表情と声が織りなす、ほろりとする「泣き」、義理と人情の世界は、自分のことを優先してしまう今こそ、お寺で聞くのに打ってつけだと思ったのです。

本来、仏教では義理人情を積極的に説くことはしません。義理人情は世俗の価値観だからです。私は今までそれでどれだけ失敗したかわかりません。しかし、私は世俗の人の心情もまた、仏道を一歩ふみ出すきっかけになると思うのです。

たまたま檀家さんのご縁で、浪曲界の大御所東家三楽《あずまやさんらく》師匠と出会い、意気投合。密蔵院で浪曲の会が実現することになったのです。

初回には、浪曲をラジオでしか聞いたことがない八十人の方が生の浪曲を聞きに集まってくれました。その舞台裏で、私はあらためて自分のダメさ加減を知ることになりました。

トイレをそうじして出る理由

芸の世界では、自分が舞台に上がるまで極力お客さんとの接触を避けます。だからこそ、観客は舞台の上で初めて目にする晴れやかな衣装や、メイクで凛々《りり》しく整った顔に目を見張り、舞台に一気にのめり込むことができるのだそうです。そこで、お客さんとは交差しない舞台横の住職室を控室に、トイレは家族用のものを使ってもらうことにしました。

さて、公演当日。午後一時からの開演のため、午前十一時にやってきたのは、三人の浪曲師と、三味線担当の曲師《きよくし》の四人の面々。開演の頃には、近所に住む若手女流浪曲師も陣中見舞いにお越しになり、浪曲協会の世話役のご夫妻も加わって、総勢七名の方々が六畳の狭い住職室にお入りになっていました。

結果から申し上げますと、密蔵院の第一回浪曲の会は大成功。満場の拍手のなか、無事終了となりました。舞台の片づけを終え、着替えを終えた出演者の皆さんを玄関で見送ったのが午後六時。

私は、ほっとしながら自宅のトイレに入りました。そして、トイレの扉を開けて、ビックリしたのです。二十年来の〝ある疑問〟が氷解した時でした。その疑問とは、二十年近く前にラジオで聞いた、落語家のインタビュー内容の真偽です。

——落語家になると師匠からまず言われるのは、トイレに入って、もし汚れていたら必ずそうじをして出てこいということ。自分では汚していないからとそのまま出てきたら、入れ違いにトイレに入った人に、あの落語家はトイレを汚しておきながら知らん顔で出て行ったと言われ、以後芸人としてお呼びがかからなくなる――という話。

このラジオ放送を聞いた時、私はビックリしました。それまでそんなことは考えたこともなく、そうじして出てきたことはなかったからです。自分で汚したのなら仕方ありませんが、他人の糞尿の始末など、自分の家ならいざ知らず、公衆トイレなどでやるほうがおかしいではないか、くらいに思っていたからです。

しかし、実際には汚れたトイレをそのままにして出れば、後から入って来た人がまず疑うのは、たった今入れ違いにトイレから出て行った私なのです。その人はきっとこう思うはずです。〝あのクソ坊主……！〟

人からどう思われるより大切なこと

以来私は、汚れが頑固にこびりついて道具がないと取れない場合は別にして、トイレが汚れていた時は、きれいにして出ることにしています。

さて、話を浪曲終演後の我が家のトイレに戻しましょう。

「このトイレを使って下さい」と出演者の皆さんに伝えてから七時間。七人が入れ代わり使ったトイレにもかかわらず、なんと朝よりきれいになっているのです。やはりあの落語家の話は本当だったとウキウキしていたのも束の間、その夜、私は「自分が汚したと思われたくないならそうじせよ」という考え方が変なのだということに気がつきました。

人にどう思われるかは、芸や仕事の上では大切なことでしょう。しかし、トイレそうじは、後から使う人が気持ちよく使うため、たったそれだけのためにすればいいのです。

自分がどう思われるかなどは、この場合、二の次、三の次でいいのです。

カー用品販売店イエローハットの創業者の鍵山秀三郎さんは、自らはじめたトイレそうじで会社をたておなし、そのトイレそうじ運動が日本中に広がり、着実にその運動が世の中を良い方向に変えはじめています。純粋な気持ちで、他人が汚したトイレをそうじすることは、自分を高めることにもつながっていくのです。

残念ながら、今の私は、五回のうち三回は「自分が汚したと思われてはかなわない」と舌打ちをしながらトイレットペーパーを引き出しています。

そんな我《が》をトイレットペーパーで拭き取った汚れと一緒に流し、後から使う人が気持ちよく使えるようにとだけ考えて、笑顔でそうじできる日がいつになるのか……、私は楽しみに待っています。

現実の生活の中では、汚れている状態ときれいな状態があります。『般若心経』の「不垢不浄《ふくふじょう》」という語句だけを大上段に振りかざし、「『般若心経』でも言っているように物には汚いもきれいもないのだ。だから私の部屋が汚いと思うのが間違っているのだ」と開き直って、部屋を散らかしっぱなしにしておく人は『般若心経』の語句を、自分の都合の良いことだけに利用していることになりますので、ご注意を。『般若心経』は、心をそうじし、磨くための教えなのです。

6 素直に「ありがとう」と言える人

◉「不増不減《ふぞうふげん》」の意味

六不の例えの最後の一対、「増えることもないし、減ることもない」というくだりです。

何かが増えた減ったと一喜一憂することは、まるで心の水鏡に小波《さざなみ》をたてているようなものです。深い所の水が表面の小波の影響を受けることなく、どっしりとしているように、私たちも些細《ささい》なことに流されないでいたいものです。

この項では、私が経験した心の小波から、お金にまつわるエピソードをご紹介します。

〝ラッキー〟なんてあり得ない！

わが家の子どもたち三人が、お正月も半ばを過ぎてから、私の友人からお年玉をもらったことがありました。夕飯の席で、子どもたちが嬉しそうに言いました。

「今日は、ラッキーだったよな」

「うん、超ラッキーだったよね」

すでに、その年のお年玉の決算を終えていた子どもたちは、期せずして訪れた番外編のお年玉を喜んでいるのです。

その頃、私は子どもたちが頻繁に使う〝ラッキー〟という日本語にアレルギーを持っていました。

ラッキー（幸運）は英語ですから、その土台としてキリスト教の「神のおかげ」という考え方があるはずです。ところが、日本語になったラッキーは、まさに濡れ手で粟《あわ》、棚からぼた餅。苦労しないで物を得る、楽をすることだけを言っている、超薄っぺらな言葉だと考えていたからです。

濡れ手で粟という言葉にしても、手を水で濡らす、その手を粟につけるという「自分でやらなければならないことがある」ことを前提としています。棚からぼた餅にしても同じ。誰かがぼた餅を多くの手順で作り、それを棚の上に置いた人がいます。何もないところからぼた餅が現れて、棚の上に瞬間移動したわけではありません。

ところが、日本語のラッキーには、そういった人の苦労などのバックボーンが何ら感じられないのです。

そこで私は言いました。

「お前たち、いまラッキーって言ってたけどね。あのね、よーく聞きな。あのおじさんがお前たちにお年玉をくれたのは、お父さんがあのおじさんの家に行く時に、あの家の子どもたちにお小遣いをあげているからだ。だから、今日お年玉をもらえたのは、ラッキーなんかじゃなくて〝お父さんのおかげ〟って言うんだよ」

すると、私の発言を受けて、隣にいた家内がにやにやしながら言いました。

「そういうのは、お互いさまって言うんじゃないの?」

さすが家計を預かる主婦の発言は、私の発想とは違います。子どもたちは「今日のお年玉はお父さんのおかげだ〜」とは言えても、家内が主張するような「わーい、今日のお年玉は、お互いさまだ〜」とは言えません。うまく言えませんが、どこか違っているのです。

そこで、私は家内の発言は無視して子どもたちに言いました。

「ああ、そうだ。そのお年玉はきっとご利益だよ。お前たちが休みの日に、お墓そうじをしたり、お寺の仕事を手伝ってくれていることを知っている本尊さまが、あのおじさんを使ってお前たちにお年玉っていうご利益をくれたんだ。明日本尊さまにお礼を言いなよ」

すべてのものは「増えも減りもしない」

子どもたちにとってのラッキーは、私にすればお父さんのおかげであり、家内に言わせるとお互いさまです。そして同時に、仏さまのご利益だとも言えるのです。

この事は解釈の違いとも言えますが、私たち日本人は、こういうことを総称して「ありがたい」と表現してきました。「有（在）ること難い」で「ありがたい」です。英語で言えば〝hard to happen〟でしょうか。相手に感謝する言葉を「普通ならあり得ないようなことが、あなたのおかげで起こった」という意味で表現するのです。

ラッキーは言うに及ばず、単に「あなたに感謝します」という意味の〝thank you〟

とは違った意味で「ありがとう」という言葉を使ってきたのです。今いちばん女性に人気のある男性の条件は、どんなことにも素直に「ありがとう」と言える人なのだそうです（これは男性側からも同じです）。

ということで、私は『〝ラッキー〟と言いたくなったら、〝有り難い！〟と言おう』運動をしようと思っています。

小さなことかもしれませんが、ラッキーや有り難いがごちゃまぜになっている心のタンスの小引き出しの中を整理することも、心のそうじにほかなりません。

しかし今考えてみると、私はその時〝おかげ〟を利用して父親の貫禄を誇示するよりも、仏さまのご利益を宣伝するよりも、もっといい話をするチャンスに恵まれていたことに気づくべきでした。

考え方次第で、ラッキーなお年玉は、かつて私の財布から友人の子どもたちに出ていったお金が、いま我が家に戻ってきたということです。そこから、『般若心経』で言うところの、すべてのものは「増えも減りもしない」ということを伝えるべきだったかもしれないのです。

3章

心のホコリを「一生の誇り」に変える！

見えるものだけにこだわらない『般若』の智慧

私のこころは
こんぺいとうよ
小さい
おまけに
トゲがある

1　亡き人の〝今〟を思うことの〝よろこび〟

◉「是故空中無色無受想行識《ぜこくうじゆうむしきむじゆそうぎようしき》」の意味

『般若心経』では、ここで再び五蘊《ごうん》（色受想行識《しきじゆそうぎようしき》）が空《くう》なのだから、こだわるなという意味で、おのおのに「無」をつけて説明します。

色《しき》（物体）も固有の実体は無い。
受《じゆ》（感覚器官）も人や場所、時代によって一定では無い。
想《そう》（想像）も色々であり、行《ぎよう》（心の作用）も一定していない。
識《しき》（意識）も刻一刻と変化してやまないのだ。

そのことをわからずに「これはこういうものだ」とこだわり過ぎると、不安や、悩みや、怒りの原因になってしまうというのです。

この項では、再び人の死をきっかけに、「死んでしまえばそれで終わり」という行きづまる考え方ではなく、より大きな世界へ思いを馳せる一例をご紹介します。

現実だけにこだわらず、現実を踏まえながら想像力の世界に一歩踏み込んでみませんか。

法事のうれしい効用

父が七十二歳で亡くなったのは、平成七年九月でした。そして巡る月日の糸車、丸六年目の七回忌。縁ある方々、親戚、そして施主である兄一家、姉の家族と私の家族がそろってにぎやかな法事になりました。私は次男ですが、僧侶としては父の二番弟子にもあたるので、言わば準施主のような立場でした。

ですから、私の家内も親戚の方々にかなり気を使います。身体的な疲れもさることながら、精神的疲労は相当なものだったでしょう。片づけもすっかり終えて、帰宅してお風呂をすませてお疲れさま。ゴロリと布団に横になると、期せずして二人同時にフーッとため息をつきました。

「お疲れさま。ありがとうね」「どういたしまして」

法事というのは、仏教的な意味（功徳《くどく》を積むなど）の他にいくつかの良い点があります。一つはリユニオン、つまり同窓会的要素です。生きている人間にはなかなか集めることができないメンバーを、葬儀や法事では亡き人が集めてくれます。それだけでも、亡くなった人はたいしたものだと思います。

そして、亡き人と生前時間を共有した人が、その間に織り上げた自分の人生を重ね合わせ、亡き人からの〝おかげ〟を感じる機会でもあります。

また、親しい人が亡くなってから（それまでの自分を構成していた大切な要素がなくなってから）のわが身の生き方に思いを馳せて、あれから自分はどんな生き方をしてきたかをチェックする場でもあります。

亡き人の居どころ

横になった私は、もう一つ別のことを考えていました。それは、亡くなった父は今頃どうしているだろうということです。そこで布団に入って天井を見ながら、家内にこんなことを尋ねてみました。

「ねえ、今頃うちの親父《おやじ》はどういう所にいるかねえ。想像でいいから言ってみてよ」

「やっぱりお寺みたいなところじゃないかしら」

「そうか。部屋はどんな部屋？」

「和室でしょうね。日当たりがいい部屋よ」

「そのお寺みたいな建物の玄関の外は道路、庭？」

「きっと庭よ」

「そうすると、親父はその庭へ出て花を見たり、草をむしったりするんだぁ」

「おじいちゃんならやるわよ」

「あのさ、その庭に出る時、親父は何を履いて出るかねえ？」

「雪駄《せった》でしょう。白い鼻緒の、お坊さんが履くやつ。あのね、あたし眠いんだけど」

「あと少しだけ聞かせてよ。その雪駄の鼻緒が切れたら、近くに修理してくれる下駄屋さん、あるのかねえ？　その町に」

「さっきから、何よ！　知らないわよ、そんなこと」

家内は私のわけの分からない質問攻めにキキッと怒り出しました。一方、私は家内の答えに嬉々として目を輝かせました。家内が怒り出したので、私はこの問答の趣旨を説明しました。

「お前の答えってスゴイと思うよ」

「何がよ！」……まだ怒っています。

「だって、亡くなった人が六年後の今、どんな所にいて、何をしているかを具体的にイメージできるんだろ。スゴイじゃないか。普通、死んだらどうなるか分からない、何もなくなると思っている人は、そんな具体的なイメージはできないよ。それができるなら、自分にも応用がきくだろう。自分が死んじゃったらどんな所に行って、何をするのかってさ。じつは今日の法事で、参列してくれた人のうちどれくらいの人がそんな具体的なイメージを持ってるんだろうと思ったんだよ。だからさ、ちょっと聞きたくなった、そういうことなんだ。ねえ、聞いてる？」

気がつくと、家内はすでに寝息をたてていました。

この後、私は、不幸にしてお子さんを亡くされたご両親数組に、死ぬのは恐いですかと聞いてみたことがあります。お聞きした全員が、死ぬのは恐くありませんと答えました。その理由はこうです。

「だってその時、やっとあの子にもう一度、会えるような気がするんです。その時まで恥ずかしくない生き方をしようと思っています」

ヘレン・ケラーは死について、こんな言葉を残したそうです。

「死ぬことは、ひとつの部屋から次の部屋へ入っていくのと同じなのよ。でも、私には大きな違いがあるの。だって次の部屋では目がみえるんですもの」

心暖まる言葉ですが、日本でもお墓参りに行った時、お墓の中にいる人に向かって心の中で「お元気ですか」と言っている人は案外多い気がします。亡くなった人に「お元気ですか」は変ですが、見た目の死という現実にこだわらないその心情こそ『般若心経』に通じるものだと思うのです。

心の片隅に黒い気玉のようになって溜まっている得体の知れない「死」。なるべく早いうちにそうじしてしまいましょう。

2

観音様ってなに？

◎「無《む》眼《げん》耳《に》鼻《び》舌《ぜっ》身《しん》意《い》」の意味

「無《む》色《しき》無《む》受《じゅ》想《そう》行《ぎょう》識《しき》」に続いて、『般若心経』では仏教の伝統的な「十八界《じゅうはちかい》」という考え方を空というフィルターにかけます

この十八界というのは、私たちの〝認識〟についての分析です。

まず私たちが何かを認識する時には、感覚器官を使います。

眼、耳、鼻、舌、身（皮膚）、意（心）の六つです。仏教ではこれを六根《ろっこん》と言います。最初の五つを五感、最後の意（心）を第六感と言うことはご存じでしょう。

それらの感覚器官が何を認識するか、その対象となるものを六境《ろっきょう》と言います。

眼が認識するものが色《しき》（物体）。

耳が認識するものが声《しょう》（音という意味）。

鼻が認識するのが香《こう》（香り、匂いです）。

舌が認識するのは味《み》。

身（皮膚感覚）が認識するのは触《そく》（触られるものという意味です）。

意（心）が認識するものを法《ほう》（愛情ややさしさなどです）。

さらにそれらの情報から私たちが思う心の領域のことを六識《ろくしき》と言います。

色（物体）を眼で見て思うことが眼識界《げんしきかい》。

声（音）を耳で聞いて思うことを耳識界《にしきかい》。

香りを鼻で嗅いで思うことを鼻識界《びしきかい》。

味を舌であじわって思うことを舌識界《ぜっしきかい》。

何かに触って思うことを身識界《しんしきかい》。

心で思うことを意識界《いしきかい》。

右の六根《ろっこん》、六境《ろっきょう》、六識《ろくしき》を合わせて「十八界」と言います。よくぞここまで分析したものだと思いますが、『般若心経』では、それぞれを空の立場から「そんなものは永遠不滅の実体があるわけではなく、固執すべきものではないのだ」と述べます。

そこでこの項では、「眼・耳」に対応する「色・声」、「眼識界・耳識界」に関り

■■■があると思われる面白いエピソードをご紹介しましょう。

落ちた椿の花

観音さま――この言葉を不思議に思ったことはありませんか？　〝音を観る仏〟です。ふつう、音は耳で聞くもので、見るものではありません。音を音波として測り、電流に変えて視覚化するオシログラフを使えばともかく、私たちは普通音を見ることはできません。

ところがここに音が見えるという面白い話があります。

千　宗旦《せんのそうたん》（一五七八～一六五八）は江戸時代前期の茶人。利休の孫にあたります。自分の子どもたちを分家させて、表千家、裏千家、武者小路千家の基礎を固めた人でもあります。この宗旦と仲良しだったのが、京都にある安居院《あぐいん》というお寺の住職でした。そしてこのお寺の椿は、めったに花を咲かせないことで有名でした。

さてある時、この椿が珍しくいくつか花を咲かせます。すると何を思ったか、安居院の住職は、そのうちの一枝をポキンと折って小僧を呼んで一言。

「ご苦労だが、咲かないと言われている椿が珍しく花をつけたから、これを宗旦さんのところへ持っていって、茶花にしてもらいなさい」

小僧さんも、初めて見る安居院の椿。両手で大切に持って出かけましたが、運悪く石につまずいて転んだ拍子に、花が取れてしまった（小僧さんがその時言ったセリフはもちろん「シマッタ！」）。

あわてて花を拾っても、もう元にはもどりません。

「困ったな、どうしよう。いっそ、寺へもどって、何食わぬ顔で届けましたと嘘をつこうか……。いやいや、私は仏道修行の身。嘘はいけない。とにかくお届けしよう」

小僧さんはトボトボと宗旦さんの家へ行くと、ことの次第を正直に話しました。

宗旦さんは椿の枝と花を受け取ると、やさしく言いました。

「小僧さん、あなたに怪我がなくて何よりでした。まあ、椿は残念ですがね。ご苦労さまでした……」

そこまで言って、宗旦さんは目をキラリと光らせました。どうやら何かを思いついたらしい。まだ緊張した面持ちの小僧さんに向かって言いました。

「小僧さん、お寺へ帰ったら、今日は日がいいから御前《ごぜん》さまにお茶を一服さしあげたいので、お越しいただくようお伝えてください」

「えっ？」

小僧さんはビックリ仰天。そりゃそうです。せっかく正直に話して、内緒にしてもらおうと思ったわけですから。しかし、宗旦さんに言われたのでは仕方ありません。

渋々ながら寺へもどり、

「宗旦さんが、お茶をいかがでしょうとおっしゃっておいででした」

もちろん、椿の一件を話す勇気はありません。何も知らない住職はニコニコして、

「おお、そうか。せっかくのお誘いだ。よばれることにしよう」

やがて宗旦宅へ到着した住職を、何やら意味ありげな笑顔で迎える宗旦さん。

「ようこそ、おいでくださいました。さあさあ、どうぞ、茶室へ」と、茶室に入った住職がまず目にしたのは、先ほど小僧に持たせた椿……。

「おっ？」と思わず声をあげたのも無理はありません。椿の枝はみごとに生けてありますが、肝心の花が床に落ちてしまっているではありませんか。

動揺をおさえつつ住職、心を無にせんと端然と座す姿はさすがに堂に入っています。

黙念することしばし。やがて静かに目を開いて一言。

「じつに見事ですな」

それを聞いて、宗旦さん、目を細めて曰《いわ》く、

「そうですか。ありがとうございます」

この話はここで終わってしまいます。まるで禅問答ですが、じつはこれは、その茶室には見事に♪ポトリ♪という音が生《い》けてあったという話です。椿の花が落ちる音をポトリと形容したりします――牡丹は知ってますか？　ボタンです――。

バラバラになった枝と花を受け取った宗旦さんは、わざと花を落として生けた。それを見て住職は、ポトリという音を聞いたというのです。

あなたの周りの観音さま

この話を浄土真宗のお坊さんから聞いたのは、私が二十八歳の時でした。私はハッとしました。ポトリという音を生けた宗旦さん、そして落ちている花を見てポトリという音を聞いた安居院の住職。この時の二人のことを〝音を観る人〟、観音って言うのか……この場合〝見〟の字をつかうと、意味が視覚だけに限定されてしまうので〝観〟の字を使うのだ……。

信仰心などほとんどなかった私は、仏さまは〝初めから在りき〟、〝祀《まつ》られている像〟

だと思っていたふしがあります。しかし、その時から「仏」を自分の周囲の人々の中に、生活の中に、「仏」を探しはじめました。そうしてやっと人や物に対して素直に合掌ができるようになったのです。

あなたのまわりにも観音さまは、きっといます。探してみてください。

部屋のそうじと同じように、心も眼・耳・鼻・舌・身・意を縦横無尽に働かせて、そうじしてみましょう。

3 自分の身体に仏を感じてみる

◉「無《む》色《しき》声《しょう》香《こう》味《み》触《そく》法《ほう》」の意味

見たり、聞いたり、嗅《か》いだり、味わったり、触ったり、思ったり……これが私たちの毎日おこなっていることです。しかし、『般若心経』は、「そんな分析なんかするよりも、心をそうじしろ、人生が豊かになる智慧をつけろ、具体的に動け」という意味で「無」を列記します。

この項では、触ることから心のそうじができるのではないかと思った話を二つ、ご紹介しましょう。

子どもをお墓参りに連れて行く

私は檀家さんに、法事やお墓参りの時には、なるべく子どもたち、孫たちを連れてきてくださいとお願いしています。

単に石を積み上げた物体のお墓を、亡き人が形を変えた姿であり、その人の家でもあると解釈するには、墓石を手で洗い、水をかけ、お線香をあげて香の薫《かお》りの中で手を合わせることが必要だと思うからです。子どものころからそういう習慣を身につけた人は、形はなくても何かを感じ取ろうとするようになるはずです。

時々「先祖をしっかり守っている家は社会の中で成功するんですか」と聞かれることがあります。巷《ちまた》でそんな話がまことしやかに流布しているらしいのですが、私は自分の経験から、そういうお宅が多いのは事実です、と答えます。

姿形がない、さらに自分が会ったこともない先祖に対して感謝する習慣を子どものころに身につけた人は、社会の中でも、人の心に対して敏感でいられるようになるでしょう。そうすれば、社会生活の中で大切な人づき合いも、ほどほどにこなしていけるようになります。したがって、仕事でも誰かが助けてくれ、親子兄弟喧嘩もしなくなり、社会生活の上では失敗することが少なくなるのだろうと思うのです。

このような訳で、お寺や神社にはなるべく子どもを連れていくことをお勧めしているのです。

人間の体温って、すごいこと

さて、ある冬の日の法事でのことです。密蔵院では、法事の参列者は椅子に腰掛けてもらいます。冬になると足もとにホットカーペットを敷いておきます。

参列者の中に小学四年生くらいの男の子がいたので聞いてみました。

「お坊さんがお経を読んでいる間、足もとは温かかった？」

「うん」

「どうして温かいか分かるかい？」

「だって、電気が入っているから」と彼はホットカーペットの電気コードを指さしました。

「だよね。電気で温かくしているんだよ。多分温度は四十度くらいだと思うよ」

彼はそれを確かめるように、足もとを見ながら足をギュッとカーペットに押しつけました。私は続けました。

「ところで、君の体温はいつもどのくらい？」

彼が困った顔をすると、隣にいたお母さんが小声で「三十五度くらいよ」と教えて

くれました。彼はそれを受けて、

「三十五度だって」

「そっか、三十五度か。かなりアッタカだね」

自慢げに微笑《ほほえ》んだ彼の顔を見て私は言いました。

「で、その温度を保つために、君にも電気コードかコンセントがお尻についてるの？」

彼は自分のお尻に手を当てました。もちろん映画『マトリックス』ではありませんから、首にもお尻にも、プラグやコンセントの類はありません。

「電気も通ってないのに、君の身体は一日中三十五度に保たれているんだね。すごいね。もしカーペットだったら電気代がたいへんだ」

彼の目が真剣になりました。

人間の身体ほど素晴らしいものはない

一日三回ご飯を食べるだけで、私たちの身体は三十五、六度という、かなり高温を保ち続けてくれています。多くの内臓が巨大な化学工場の役割を果たし、目は高性能カメラレンズ、脳はスーパーコンピューター顔負けの働きをしてくれています。

誰がそんな機能を作り上げてくれたかを考えてしまうと、存在証明不可能な、唯一絶対な創造主の出現となります。

仏教はそのような絶対者としての創造主については思考を停止します。〝不思議（思議しない）〟としてほっておくのです。あえて言えば、私たちの素晴らしい身体自体が〝仏〟なのです。この素晴らしい身体を現に与えられていることを素直に驚き、「自分の身体はたいしたものだな」と感心し、感謝すればいいのです。

そして身体の〝機能〟の創造主（神）を想定するのでなく、素晴らしい身体をこの世に出現させてくれた身近な創造主（親）に感謝することは、人生にとって有効だと思うのです。そこで、私は彼に言いました。

「そんなすごい身体を持った君を生んでくれた、お父さんとお母さんに感謝だぜ」

「うん」と彼は言ってくれた。

「そのお父さんとお母さんを生んでくれた祖母《ばあ》ちゃんや祖父《じい》ちゃんにも、その先のご先祖にも感謝だ。今日の法事はそういう感謝をする日なんだ」

この時、私は男の子だけに話しかけていました。しかし、見渡せば、参列者全員が、自分のこととして聞いてくれていたようです。

私たちは、多くの縁によって今があります。まるでピラミッドの頂点にいるようなものです。

今の自分を支えている多くの土台に想いを馳せてみることも、心のそうじの一つです。

4

相手を思いやる人、自分主義の人

◉「無《む》眼界《げんかい》乃至《ないし》無《む》意識界《いしきかい》」の意味

先に十八界についてふれましたが、「無《む》眼界《げんかい》乃至《ないし》無《む》意識界《いしきかい》」はその中の六識について述べた部分です。ここでは「眼（識）界〜意識界まで」という意味で「乃至」が使われています。そのあいだの耳識界、鼻識界、舌識界、身識界を省略してあるのです。

ここでは、人の心（意識界）もいつも一定ではなく、どのように変わるかについて考えてみます。

子どもは三年で変わる

群馬県赤城山のふもとのお寺では、学校が休みになると子どもたちが朝から集まります。お寺で開催している子ども会のためです。子どもたちはまず、本堂や境内のそうじをするのですが、何年か参加し続けると様子が変わってくるそうです。

とくに、冬にそれがはっきりすると言います。おりしも上州名物の赤城おろしのからっ風。吸う息も冷たいまま肺に届きそうな寒い朝。要領のいい子、高学年の子は、真っ先にハタキや小さなほうきを取るそうです。なぜかというと、着ている洋服の袖を引っ張って、手袋代わりにしてハタキやほうきを持てるからです。さらにもう片方の手はポケットにいれたままそうじができるのです。

結果的に要領の悪い子や小さな子が、冷たい水で雑巾を洗って本堂をそうじする羽目になります。

ところが、この子ども会に三年ほど通うと、それまでハタキやほうきを真っ先に取っていた子どもが、率先《そっせん》して雑巾を使うようになるというのです。

自分がハタキを取れば、他の誰かが冷たい水に手をひたして雑巾をすすがなければなりません。自分が風のあたらない本堂の中を担当すれば、他の誰かが外の冷たい風の中で、かじかむ真っ赤な手でそうじしなければなりません。その他の誰かとは、言うまでもなく、自分の仲間なのです。

「子どもがそう変わるまで三年かかるよ。三年だ」と指を三本立てて私に話してくれた住職の手が、働き者の手らしく、太くてゴツゴツしているのがとても印象的でした。

実際のそうじを通して、子どもたちが自分の心をそうじするまでに三年。言いかえれば、それは、彼らの心の中で自分優先という心の「ホコリ」が、たいへんなことは私がやるという「誇り」へと変化するのにかかる時間でもあったのです。

人生経験のあまりない子どもたちが、同じ季節を三回経験して会得していく心のそうじのスベを、私たち大人はどれくらいの時間で自分のモノにできるのでしょう。

自己優先の行き着くところ

自己中心主義を略し、さらに注意を啓発する意味で「自己虫《じこちゅう》」という虫に例えたのは、元号が平成になったころでした。この言葉を聞いた時、私は自己中心でいいではないかと思いました。自分を中心にして、他の物事がどうなっているのか、周囲の人が自分とどうつながっているのかを意識することは、私たちが生きていく上で必要なことだと思うのです。

先の子どもたちも、自分がこれをやれば、他の子はあれをしなくてはいけないとわかったのです。自分を中心に、他への配慮が働いたのです。自分を中心に考えるのは悪いことではありません。

問題は自己優先ということなのです。自分さえ良ければ後は野となれ山となれという無責任極まりないことが問題なのです。車で走っていると、時々前を走るファミリーカーの運転席から、紙クズやたばこの吸殻が何のためらいもなく車外へポイと捨てられる光景に出くわすことがあります。車内を見ると、子どもが乗っている家族づれだったりします。

「子どもの目の前であんなことをするなんて、いったいあの親は何を考えてるんだ！」と腹をたてていたのは昔のこと。今ではそう思った直後に、「ああそうか。何も考えてないいんだわ……」と諦め、情けなくなり、そして「ああいう人がいる限り、まだまだ坊主としてやることがある」と奮い立つようになりました。

後のことは知らない、自分さえ良ければそれでいいという自己優先の上をいくのは、自分の得ばかりを考え、損した人をバカにしたり、あざ笑うような冷淡な人です（オレオレ詐欺などはその典型といえるでしょう）。そういう人の心を取り出せるとしたら、ぞっとするほど醜く、刺《とげ》だらけで、腐敗臭を漂わせていそうです。

そんな人は、心の底から朗らかに笑うこともなければ、一生つき合ってくれる友も家族もいないでしょう。いつも「自分の得」だけを考え（自分だけ得することはありえませんから）、「世の中はつまらない」とつぶやき無気力になり、「どうせ」と不貞腐れて自棄《やけ》になっていくことでしょう。せっかく生まれた（生んでもらった）のに、そして、生きている（生かされている）のに、もったいないと思います。

昔ある人が僧侶に「仏教の教えはどういうものか」と聞きました。僧侶は「悪いことをせず、いいことをする教えである」と答えます。すると「そんなことは三歳の童《わらべ》でも知っておるわ」と嘲《あざけ》ります。「なるほど三歳の子どもでも知ってはいるが、七十歳の翁《おきな》でもそれができる人は少ないのです」と僧侶は答えました。

冒頭の例のように、小学生が心の中では分かっているいいことをするのにも三年——スリーシーズンかかるのです。

経済性と効率性という両親の間に生まれた申し子のような現代の私たち——成長するに従って積もってきた心のホコリをそうじして、人としての誇りを身につけようではありませんか。

5 悩みなんて恐くない

◉「無無明《むむみょう》」の意味

宗教の多くはその出発点で「自分は人としてダメだな」「私は人としてまだまだだな」という自覚が必要だと言われています。今の自分を一度否定しなくてはならないのです。そのために、多くの日本人は「宗教」に対して抵抗感を抱くとも言われます。

仏教も「自分はまだまだだ」と自覚するところからスタートします。これを「無明の自覚」と言います。しかし、無明を自覚して心をそうじして磨いていくと、やがて無明の中にいた自分が逆にいとおしくなったりすることがあります。つらかった思い出も笑顔で語ることができるようになるのです。この項では「無明」を「無無明」にするための心の掘り起こしについて考えてみましょう。

自分の怒りの沸点

『子どもに手をあげたくなるとき』（橘由子著　学陽書房刊）は、子育ての途中でつい子どもに手をあげてしまう母親の心情を、だれでもが経験する具体的な実例を多くあげて、同じ悩みを持つ母親への温かい共感をもって書かれている本です。

この中で橘さんは、他の人は平気でいるのに、あることに関してはどうにも不愉快になり、怒りが爆発してしまうことを「癇《かん》のツボ」「怒りの沸点《ふってん》」と表現しています。

わが子のオムツがなかなか取れない、夜寝てくれない、食べ物を吐くなど、親によってそれぞれ異なる癇のツボがあることを指摘しています。そして、我慢の限界を超えてしまい、はらわたがグラグラと煮えくり返る、その怒りの沸点について、注意深く考察をくりかえします。私はこの本を読んで、自分の癇のツボはなんだろうかと考えました。他の人はあまり不愉快ではなさそうなのだが、どうにも我慢できないこと。

ごみのポイ捨て。

音をたててご飯を食べる。

肘《ひじ》をついて食事をする。

たいした知り合いでもないのに、相手が年下だと知ったとたんに横柄な口調になる人――こんなところでしょうか。

そして自分の心の怒りの沸点は、どの位に設定されているのだろうと考えました。

タバコのポイ捨て――まだ大丈夫。

駐車した車のドアから灰皿の吸殻を道路にぶちまける。かなり沸点に近くなります。

家族を乗せた走行中の車の窓から、タバコの空き箱を投げ捨てる。これはどうにも我慢がなりません。ここが私の怒りの沸点です。

音をたててご飯を食べる。まあ我慢します。

肘をテーブルについて食事をする。どうにか許容範囲。

肘をついて音をたてて食べる。ここで沸点です。こうなると、自分が食べているものの味さえわからなくなります。同席していればすぐさまその場を離れます。

私より年長の人が、知り合いでもない年下の人に、自分のほうが年上だとわかった途端に横柄な口をきく。まだ大丈夫。

私より年下の人が「○○さんって何年生まれ？」と聞いて相手が自分より年下だとわかった途端に「なんだ。俺のほうが先輩じゃん。気を使ってバカみちゃったよ。それで、お前はさ……」——これはもうはらわたグラグラの沸点オーバーです。後で二人になった時にそれ相当な苦言を優しく呈することにしています。

私にとって、何が自分の癇のツボで、怒りの沸点がどのくらいなのか意識することは、とてもいいことでした。

ポイ捨てについては「自分にはもう用済みのごみなんか持っていることはない。捨てれば誰かがそうじするだろう」という無責任さがツボなのです。これに、子どもにその姿を見せていることとの傲慢さと、親としての無責任さが加わると、沸点に到達することがわかりました。食事に関する沸点は、作ってくれた人や食べ物自体への無礼さがツボになっているようです。年下に横柄な口をきくというのも、その人の傲慢さがスイッチになっているようです。

本書をお読みいただいている方の中には、そんなことでどうして怒るの？　と思う方もいるでしょう。それほど人それぞれで、癇のツボと怒りの沸点が違うものです。

心の掘り起こしで仏に出会う

仏教に「如実知自心《にょじつちじしん》」という言葉があります。実《じつ》の如く自分の心を知るという意味ですが、これが成仏《じょうぶつ》であり、悟りであるとも言われます。だれもが本来は仏である（これを悉有仏性《しつうぶっしょう》とか如来蔵《にょらいぞう》と言います）ことに気づくからです。

実の如く自心を知って、悟りに至るまでには、自分の心の内面を掘り起こす作業が必要でしょう。その過程で自分の至らなさ、欠点を認めていく段階があります。私はまだまだだ、私ってダメだなという、自分が無明の中にいることを自覚する段階です。

これについて武者小路実篤《さねあつ》は「自分の馬鹿なことを知るものは救われる。自分の馬鹿に気がつかず、他人の馬鹿だけに気がつくのは本当の馬鹿である」と表現しています。

また、だれの言葉か忘れてしまいましたが「悩みをなくそうと努力する人は多いが、『悩んでいけるようになりました』という人に心ひかれるものがある」というあたたかい目で悩み多き私たちを応援している言葉にも出会ったことがあります。

気の置けない仲間と、自分の癇のツボと怒りの沸点について話してみると、思いがけない自分の心のそうじができるかもしれません。ぜひお試しを。そこから〝アイアムＯＫ〟が出せるようになります。

6 〝生きてるだけで丸儲け〟、そんな馬鹿な！

◉「亦無無明尽《やくむむみょうじん》」の意味

「また無明《むみょう》が尽《つ》きることも無い」ということの言葉には思い出があります。無明の中にいる自分を自覚して、無明が無明でなくなった……と思ったらやはり無明の中にいた……そんな私の経験談をどうぞ。

「より大切なこと」って何？

昭和六十年二月、母が五十七歳で膵臓《すいぞう》がんで亡くなりました。発覚してから一年三ヵ月の生命でした。私はすでに僧侶として父の寺を手伝っていました。住職である父、副住職の兄、そして私はそのアシスタント役でした。つまり母には、家族の中に僧侶が三人いたことになります。

当時、がんは自分の病気にも拘らず、本人に告知されることは稀《まれ》でした。宗教心の薄い日本人には、がんを告知されることは死を宣告されるのと同じで、そのショックに耐えられないだろうというのが、その理由のようでした。

末期がんの場合は、もはや医学ではなす術《すべ》がない状態です（今は痛みをコントロールするという重要な役割があります）。そのために、医師から「あなたはもうすぐ死にます。医学的にはもう何もできません」と言われた場合、残されたことは心のケアになります。

残念ながら、当時の病院には患者の心のケアを担当する専門家はほとんどいませんでした。日本の医療が「生命を延ばす」ことのみを扱い、「生命の質」については医学外として考えていたからだと言われます。

母の場合も同様に、本人には膵臓が悪いとしか伝えられませんでした。ドクターも嘘をつきながら母に抗がん剤を投与することになります。しかし、抗がん剤の副作用は否応なく母を苦しめました。母はドクターを信用しなくなりました。治療をしても体調が悪くなるのですから当たり前です。

がんの妻を見舞えない理由

そして、本来もっとも信頼できるはずの家族も、嘘をつき通さねばなりませんでした。父は「おかあさんに嘘をつくことなどできない。一度でも病室を見舞えば、心の底から病状回復を祈りながらも、口では退院したら旅行に行こうと言いながらも、溢れ出る涙が、無言のうちにがんを告知することになる」と、一度もお見舞いに行くことはしませんでした。

一度も見舞いに来ない父を、母は「お父さんは冷たい」と言いました。――これが末期がんを告知しないことが招く、切なく、やりきれぬ実状でした。

しかし、私は母を看取ったあと、心のケアの専門家であるべき僧侶が、家族に三人もいたことに気づき、痛烈に悔やみました。もちろん、がんを告知することは家族にとってかなりの覚悟が必要です。生命としての死への不安はもとより、社会的な死（残った家族はどうなるだろう、仕事はどうなるだろうなど）について自ら答えを出すためには、安心できる家族が常に付き添う必要があるからです。忙しいから病院に行けない、では心のケアはとてもできません。

そこで私は、告知の問題と心のケアの問題の両方について何とかしたいとの思いで、月に一回、超宗派の団体仏教情報センターの主催する「がん患者、家族と語り合う集《つど》い」に参加することにしました。

この会の構成メンバーは医師、看護師、僧侶、がん患者、患者の家族でした。毎回全国から四十人以上の方々が集まり、患者さんや、本当のことを言えない家族の悩みを真剣に聞き、そして話し合いました（現在でも、その思いを継承している仏教系の団体が多くあるので、関心のある方はインターネットなどで調べてみてください）。

この会は毎回最初の一時間は、ゲストの話を聞き、次にグループに別れて個別の問題について会を進めることになっていました。

女心とバカ坊主

ある時、がんセンターの看護師さんがゲストとして招かれました。ご本人が乳がんの患者さんでした。私は彼女に、自分のあさはかさと生きているということを教えてもらうことになりました。

彼女は、乳房にシコリがあることに気づいて自分の勤めるがんセンターで受診。そして受診結果が記入されているカルテを自分で見てしまいます。幸い早期の乳がんだったということでした。

私は彼女の話をここまで聞いて「早期に発見できて良かった」「人間生きてるだけで丸儲けと言うじゃないか」と思いました。しかし、彼女は私が思いも寄らない言葉を続けたのです。

「私はその日家に帰ってから、タンスの引き出しをすべて開けて、乳房が片方なくなってしまうと着られない洋服、水着などを泣きながらハサミで切り刻みました。切なくて切なくて、朝までかかりました」

当時、乳がんの手術は現在のように温存手術主流でなく、乳房を切除する全摘手術が一般的でした。そのことは知っていましたが、私はそれでも手遅れでなくて良かったではないかと思っていたのです。

今でも、女心には疎《うと》い私ですが、生命の存続と同程度に重要なことが〝生きている〟ことの中にあるのだと思い知らされたのです。精神論や生命論だけでは、片づけられないのが現実であり、その現実を無視した夢見心地のような理想論的判断は、多くの人を傷つけることになってしまうのです。

仏教では現実こそが真理であるということを、「即事而真《そくじにしん》」「諸法実相《しょほうじっそう》」という言葉で表します。私にはまだまだそれが実感できていなかったのです。

私の心の中には、まだまだホコリがたまっていそうです。

右の体験から、それまで話の途中で頻繁に使っていた「要《よう》は」とか「結局は」という言葉をなるべく使わないように心がけています。結論だけを論じてしまうと、その途中にある大切なものを隠してしまうことがあるのです。

7 「いい年寄り」にならなくていい

◉「乃至《ないし》無《む》老死《ろうし》　亦《やく》無《む》老死《ろうし》尽《じん》」の意味

「無《む》無《む》明《みよう》亦《やく》無《む》無《む》明《みよう》尽《じん》」に続く「乃至《ないし》無《む》老死《ろうし》亦《やく》無《む》老死《ろうし》尽《じん》」は本来、「（無明も無く、また無明の尽きることも無く、）乃至老死も無く、老死の尽きることも無い」と書き下される部分です。

この中の「乃至」という言葉は「～」という意味ですから、何かが省略されていることになります。

仏教の最終目標はさまざまな苦しみから脱して、心が安らかな状態になることです。そのために当面の苦しみの代表格である老死はなぜ生じるのか、十二段階にわたって分析されました。

その因果関係の分析を十二因縁《いんねん》と言います。老死という苦がなぜ生じるかと言えば生まれたからである。ではなぜ生まれたかと言えば……という具合に次々に十二段階にわたってその原因を明らかにしていったのです。

そして、老死の苦を滅する（尽くす）ためにはその原因の「生」を滅すればいいと考えたのです。その十二段階の最後に行き着いたのが前項の「無明」ということでした。つまり、根本原因の「無明」を滅すれ（尽くす）ば、そこから発生するものがドミノ倒しのように無くなっていき、ついに老死という苦も滅する（尽くす）ことができる――これがお釈迦さまが悟った真理であるとされていたのです。

ところが『般若心経』では、その十二因縁にしても実体は無いと説きます。

ですから「乃至」には、無明から老死にいたるまでの十の段階が含まれていることになります。

この項では特に老いに絞って、年を取ることが苦にならない方法について話を進めていきます。

「ボケたらあかん、長生きしなはれ」

観光地へ行くと、手拭いに印刷された名言集をお土産として売っています。その中に「ボケたらあかん、長生きしなはれ」という、お年寄り向けの関西弁で書かれた傑作な文章があります。

年をとったら出しゃばらず　憎まれ口に泣き言に
人のかげ口　愚痴言わず　他人のことは褒めなはれ
聞かれりゃ教えてあげてでも　知ってることでも知らんふり
いつでもアホでいるこっちゃ

勝ったらあかん　負けなはれ　いずれお世話になる身なら
若いモンには花持たせ　一歩さがってゆずるのが
円満にいくコツですわ　いつも感謝を忘れずに
どんな時でも　へぇおおきに

お金の欲は捨てなはれ　なんぼゼニカネあったって
死んだら持っていけまへん　あの人はええ人やった

そないに人から言われるように　生きているうちにバラまいて
山ほど徳を積みなはれ

というのは表向き　ほんまはゼニを離さずに
死ぬまでしっかり持ってなはれ　人にケチやと言われても
お金があるから大事にし　みんなベンチャラ言うてくれる
内緒やけれど　ほんまだっせ

昔のことは　みな忘れ　自慢話はしなはんな
わしらの時代はもう過ぎた　なんぼ頑張り　りきんでも
体がいうこときまへん　あんたは偉い　わしゃあかん
そんな気持ちでおりなはれ

わが子に孫に世間さま　どなたからでも慕われる
ええ年寄りになりなはれ　ボケたらあかん　そのために

頭の洗濯　生き甲斐に　何か一つの趣味持って
せいぜい長生きしなはれや

〝言わぬが花〟も時と場合による

私がこの言葉を知ったのは、まだ湯飲みや手拭いに使われるずっと前。昭和の終わりのころでした。お寺に来たお年寄りが四国遍路《へんろ》に行った時に、霊場の本堂に貼ってあったものを手帳に写し、コピーして仲間に配っていたのです。これを渡された人たちは、笑いながら「本当だねえ」と盛り上がっていたので、私も一枚いただきました。

世間のお年寄りがよく口にすることをうまくまとめたものだと感心しました。それにしても皆さんがあまりにも頷《うなず》くので、「これって本当なんですか」と聞くと、その場にいた二十人全員が「本当ですよ」と答えます。

しかし、文中の「聞かれりゃ教えてあげてでも　知ってることでも知らんふり」のクダリは、今でも私には納得できません。

「余計な口をきくと自分が嫌われることが多いから、バカバカしいからやめておきなさい」と言いたくなるのは、分かります。それでも、「知っていることなら、教えてください」と私は素直に思うのです。

苦労は買ってでもしろ、とは良く言われることですが、せめて、困難に直面した時に「こんな選択肢があるよ」「こんなやり方をした人がいたよ」「こういう理由で失敗した人がいたよ」というアドバイスは欲しいのです。

人の歴史は、先人たちの知識を土台に、次の世代が新しい物や価値観を作り上げて成り立っています。先人たちが努力し、苦労して得たものを、後に続く者が自分のものにすることができるなら、こんなにいいことはないだろうと思うのです。その分、新たなステップを踏み出せるからです。

アドバイスをするにしても、いくつかの選択肢はあります。塀の上で遊んでいる子どもを見て「あぶないから、おりなさい」と言うか、「落ちたらけがをするかもしれないから気をつけて」と言うか、あるいは何も言わないか。

さらに落ちて怪我をした時にも、多くのアドバイスやいたわりの方法があるでしょう。「だから言ったじゃないか」と言うか、「大丈夫かい」と心配するか。

これらは、塀の上で遊んでいる子どもを見つける前から決めておける言葉ではありませんし、正しい言い方があるわけではありません。しかし、アドバイスする人の人間性があたたかければ、受けた側は「余計なお世話だ」とは思わない、と私は信じています。せっかくの人生の経験を、出し惜しみしないでいただきたいのです。

心を磨けば、何があっても大丈夫！

もう一つ、この「ボケたらあかん……」の文言は、最後の段落を除いて、謙虚を通りこして惨《みじ》めさがただよっていて、こんなことを言う年寄りにはなりたくないと、私は思うのです。今のうちから心磨いておけば、何を言ってもやっても、気にすることはないと思えてならないのです。

孔子は〝七十にして心の欲するところに従い矩《のり》を踰《こ》えず（七十而従心所欲不踰矩）〟という境地に突然いたったわけではないでしょう。若い時から、自分の心を磨くために、その時、その時、やれることをやっていった結果、七十歳にして矩を踰えずという心境になれたはずです。

わが子に孫に世間さま、どなたからでも慕われる、いい年寄りに――無理してなることはありません。自己保身のためにいい人になるより、まず自分がわが子や孫や世間を好きになってしまえばいいのです。心のそうじも、楽しんでやっていきましょう。

8

「正しいこと」だけにこだわらない生き方

◉「無苦集滅道《むくじゅうめつどう》」の意味

仏教の苦の定義は「ご都合通りにならないこと」。

換言すればご都合通りにしたいという煩悩《ぼんのう》や妄執《もうしゅう》が集まった結果、苦が生じると考えます。そして、この原因である煩悩や妄執を滅すれば安楽な悟りの境地に至ることができ、そのために八つの道がある。――この教えを苦集滅道《くじゅうめつどう》の四諦《したい》（諦は真理の意）と言います。先の十二因縁と双璧とも言える、仏教の根本的な考え方です。

お釈迦さまが説いたこの四諦さえも、般若心経では「無い」と言い切ります。無明の中にいる人にとっては、悟りにいたる正しい教えであっても、心が安らかな人にとっては意味がなくなってしまうのです。

ここでは、正しいことを誰かに言う場合に（坊さんはとくにその傾向が強いのですが）、気をつけたいと思うことをご紹介します。

相手の気持ちを察する余裕

こうすれば、ああなることが分かっている場合があります。親は子どもを育てる時に、自分の経験から、今こうしていると結果としてどうなるかおおよその察しがつくので、よかれと思って子どもに注意します。

夜ふかしすれば朝起きるのがつらくなるぞ。

昼間あまり寝ると夜寝られないぞ。

みんなと一緒にご飯を食べないと、いつまでも片づけられないじゃない。

勉強しないといい学校に入れないからな。

あまりに自由奔放な生活をしていればいつか不自由な生活をしいられるぞ。

これらはすべて百パーセント正しいことです。しかし、これらのアドバイスはほとんど役に立ちません。人は、こうすればああなるという百パーセント正しいことだけを言われると〝現在の自分のことを分かろうとしていない〟という拒否反応が出るものです。

夜ふかししたい理由があり、昼間眠くて仕方ないし、ご飯くらいはゆっくり食べたいし、勉強は好きではないし、今自由な生活をしたいのです。こうすればああなることは分かっていますが、今こうしたいという気持ちが優先されるのです。「わかっちゃいるけど、やめられない」ということです。まずこうしたい理由を受け入れないと、ああなるという結果だけから今の気持ちを変えることはかなり難問でしょう。

夜ふかししなくてはならない用事があるのならそれをやればいい、その代わり朝はどんなにつらくてもしっかり起きなさい。

昼間眠くなったら二十分後に目覚ましをかけて寝ればいい。

一人でご飯を食べてもいいけど自分で片づけをしなさい。

勉強が嫌いならいい学校へ入るという目標は捨てること。

自由な生き方をするのはいいけど、それが原因で不自由な生活をしなければならなくなっても愚痴を言わないこと。――こんな言い方ができれば、相手の気持ちに少しだけ余裕ができそうな気がするのですが、いかがでしょう。

天井を歩き、杉の木立を飛び越える方法

戦後、日本人皆が活字に飢えていた時期があり、闇市では印刷物が飛ぶように売れたそうです。父も活字中毒の一人でした。その父が闇市でみつけた粗末な冊子。一つは『天井を歩く方法』。もう一つは『杉の木立を飛び越える方法』でした。ところが帯で封がされていて中身を読むためには買わなければならなかったそうです。今で言えばビニールで包装されている本です。

活字を読みたかった父はその二冊を買って、楽しみに家まで持って帰り、封を開けて読んで思わず「やられた！」と笑ったそうです。

『天井を歩く方法』の最初のページには、一日目、まず壁に左右どちらかの足をつけることをせよ。

次のページには二日目、最初に壁につけた足とは別の足を二歩目として壁につけること。

次のページには三日目、さらに次の足を壁につけること。

これにより三日目には、壁に三歩上がれるようになる。

この調子でやがて壁を駆け上がれるようになった読者は、翌日ついに天井への一歩を踏み出すことになるのです。

そしてついには、壁を駆け上がりさらに天井まで歩けるようになるという結末。まるでジャッキー・チェンです。

やれやれと思って苦笑いした父は期待もしないで『杉の木立を飛び越える方法』の封を切って読み出しました。案の定、最初のページには、まず杉の二十センチばかりなる苗木を用意することとあります。

次のページには、第一日この杉の苗木をどこかに植えること。

そして次のページには二日目、しっかりと根付いた杉の苗木を飛び越えること。

次のページには三日目、今日もこの杉の木を飛び越えること。

もうおわかりでしょう。最終ページには、こうして毎日杉を飛び越え続けることによって、数十年後には杉の木立を飛び越えることができるのであると記されていたというのです。

書いてあることを実行できれば、天井も歩けるし、杉の木立も飛び越えることができますが、そうはいかないのです。

ある意味で百パーセント正しくても、役に立たないことは存外多いもの。正しいという理由だけで、何がなんでも自分の意見を押し通そうとするのも考えものです。それはまるで、自分の心のそうじをほったらかして、他人に心のそうじを強制しているようなものかもしれません。

『般若心経』は、この教典が書かれる以前に構築された哲学的な成果（正しいこと）を徹底的に否定していきます。こだわるな、と言うのです。

　繰り返しになりますが、それまでの仏教の成果として例えば——目というレンズが物体の映像を網膜に映し、それが視神経を通して脳に送られ、過去の膨大な情報から何かを判断しているという私たちの感覚器官のメカニズムの解明などがあります（色《しき》受想行識《じゅそうぎょうしき》）。

　しかし、解明されたことであっても、かつ、それが正しくても、それにこだわり続けると、〝苦（悩）からの脱却〟という大切なものを見逃してしまうぞ、と警告を鳴らすのです。

9　できないことをするのが、練習なのです

◉「無智亦無得以無所得故《むちやくむとくいむしょとっこ》」の意味

「智《ち》も無《な》く、また得《とく》も無し。得《う》る所無《ところな》きが故《ゆえ》に」と書き下される部分です。

何かを得たとする自分自身が空《くう》なる存在です。昨日と今日では体内物質も皮膚も入れ代わり、知識も増え、経験も増えています。昨日まで正しいと思っていたことがひっくり返ることもあります。一晩で愛が憎しみに変わることもあるでしょう。

今この本をお読みになっているあなたも、十年前と同じではありません。十年前には『般若心経』の本は買わなかったでしょう。

何かを得る主体である自分自身に実体が無いのだから――これが「得る所無きが故に」という意味です。

それと同じように、智慧も無いし、得るということも無い（更に「得ないという

ことも無い（無無得）」の語句が付加されている『般若心経』もあります）、そんなことにこだわらなくなる智慧が般若波羅蜜多《はんにゃはらみった》だと言うのです。

智慧だ、智慧だと必死になって修行している中に、本当の智慧はないでしょう。ニッコリ笑う笑顔の中にあったりするものです。

何かを得たと思ったところで、物であれば壊れますし、あの世までは持っていけません。悟りを得たお釈迦さまにしても、その境地に安住することはできませんでした。悩み苦しむ人々を放っておくことはできなかったのです。「何かを得た」で終わりではありません。そこから次への一歩が始まります。

毎日がより良い変化へのスタートラインです。では毎日の暮らしの中で、自分を高める方向でどのように変化させていけるのでしょう。

練、錬、煉

幸せやチャンスは運次第だから、あせらずに時期が来るのを待ったほうがいい、このことを諺《ことわざ》で「果報は寝て待て」と言います。しかし最近は、チャンスは自分でつかむものだという気風が強いようで「果報は練って待て」という言葉を見かけたり聞いたりすることが多くなりました。

練の旁《つくり》の柬《かん》は〝集めたものの中から、上質のものをよりわけること〟を表します。これに糸偏《へん》がついた練は、生糸または絹糸を灰汁《あく》で煮て、柔らかく白くするという意味。転じて、練る、身体を鍛える、こなしが柔らか、うまくなるなどの意味がありま す。

類似の漢字として、錬金術の〝錬〟は金属を溶かして不純物をより分けて良質にする意。煉瓦《れんが》の〝煉〟は鉱石を熱して悪い成分を除き良い成分だけをこね上げる意です。

糸を白くする〝練〟にしても、金属を精錬する〝錬〟でも、鉱石を熱処理する〝煉〟にしても、同じ作業を繰り返して行うことで、練りあげられた上質のものになっていきます。

それは、お米を何度もといでヌカを洗い流すのに似ています（無洗米では体験できませんが）。または、地方の観光金山で体験できる砂金取りと同じ作業と言ってもいいかもしれません。川砂を浅い皿に入れて、軽く揺すりながら、何度も何度も砂を流していくと最後にキラリと光る金が残る——あれと同じです。

同じ作業を繰り返すことから、練が使われる言葉の〝練習〟の意味は〝技能・芸事などが上達するように同じことを繰り返してならうこと〟になります。

人生にとって〝練習〟することの意味

しかし、同じことをただ単に繰り返していたのではダメだ、という話を聞いたことがあるのです。

あるプロ野球投手が暑い日に投球練習をしていました。全身汗まみれになって練習する姿に、取材に訪れた記者が、そばにいたピッチングコーチに向かって感心したように言いました。

「いやあ、一所懸命ですね。これだけ練習していれば、今シーズンは期待できますね」

これを聞いたコーチは、笑って答えたそうです。

「あれが練習しているように見えるんですか？」

「……。だって、あんなに汗をかいて力一杯投げ込んでいるじゃないですか。あれは練習じゃないんですか？」

「あんなものは練習じゃありませんよ。あいつは去年もあのくらいの球は投げていましたよ。できることをいくらやったって、それは練習じゃありません。それはただの遊びです。今まで自分ができなかったことをやるのが〝練習〟って言うんですよ」

「……」

記者は、プロの世界ならではの厳しい〝練習〟の言葉の意味に感激し、自分も記者として今までできなかったことに、進んで挑戦しようとする気概を持ったそうです。

毎日同じ仕事の繰り返し、家でも同じことの繰り返しで、単調な生活に不満を持っている人はいませんか？　練習の言葉の意味は先に見たように、同じことを繰り返して習うことです。同じことを繰り返すだけなら、単調な生活も何かの練習になるかと言えば、そうではないでしょう。問題なのは目標です。〝上達するために〟という目標が練習の土台にはあるのです。

心のレベルアップ・トレーニング

レベルアップ、スキルアップのために同じことを繰り返し習うことが、練習です。現状維持では練習になりません。もちろん体力的には加齢と共に、体力を増強していくのは難しいでしょう。現状維持が精一杯かもしれません。

しかし、心のレベルアップのための練習は誰にでも、どこでも可能なはずです

『般若心経』を読み続けるのもその一つです）。私はそんな心のレベルアップの練習として、繰り返してやっていることが三つあります。

一つは朝起きた時に、だれかに「おハよう（ございます）」と言うことです。心がだらけていると「おぁよう」になります。hの音は息を強めに出さないと出ない音なので、ハと言えるかどうかが、その日の心の健康状態を計る目安になります。

次は、その日に最初に会った人に、自分が家を出てからその人に会うまでに自分が五感で感じたことを何か一つ、具体的に伝えるという作業です。「今日はやたらとカラスが目についたけど、きっとカラスの集会があるんだよ」「通勤途中の電車で今年初めて冷房が入ったよ。思わず上を見上げる人が三割いた」「自販機にお札を入れたら何回やっても戻ってきたんだ。これって偽札かな」——何でもいいのです。

そして三つ目は、さようならの後に、一言加える作業です。「さようなら、今日は楽しかったです」「それじゃ、今度いつ会えるか楽しみにしています」「では失礼します。勉強になりました」など。時間と空間を相手と共にしていたことの感想を一言加えます。

私はともすると心がだらけてしまいます。そのために、心を新鮮にするために、この作業を、自分でも涙ぐましいほど努力して繰り返しています。心のそうじは毎日の作業の積み重ねでもあるのです。ご一緒にやってみませんか？

それにしても、中国人は、心を練り上げる〝慷〟という字をどうして作らなかったのだろうかと思います。

『般若心経』は、ここで一つの区切りになります。仏教の種々の教えを「無」であると否定し、教えにさえこだわる必要がない境地をめざせと言っているような気がします。

4章

もう迷わなくて、大丈夫！

もっと人間関係をよくする『般若』の智慧

萬恩に
生かさるる身の
百恩を知る
せめて一恩に報ぜん

1

人から好かれるよりも、人を好きになる

◉「菩提薩埵《ぼだいさつた》」の意味

『般若心経』はここから、般若波羅蜜多（彼岸にいたる智慧）の功徳《くどく》について説く部分に入ります。

菩提薩埵《ぼだいさつた》は、ボーディ・サトバの音写。菩薩《ぼさつ》と略される言葉です。求道者《ぐどうしゃ》と訳されることもあり、悟りを求めて修行し、一方で苦しんでいる人を救おうとする人のことでもあります。

悟りに至る方法の一つに、仏さまの真似をしてごらんなさいという教えがあります。お釈迦さまは座禅して悟ったのだから、その真似をして座ろうというのが禅宗です。真言宗でも仏の姿を真似し（印《いん》を組み）、仏の言葉を喋り（真言《しんごん》を唱え）、仏の心と一体になる（観想《かんそう》する）ことで、成仏を目指します。

私は真言宗の僧侶ですが、かなりぐうたら坊主なので、普段の生活の中で、仏さまならどう思うだろう、どう言うだろう、どうするだろうと考える習慣を身につけようと思っています。そうすれば日常の中で仏道を実践できることになると思うのです。

そばにいる人に話しかける勇気を

講演会で長野に行った時のことです。翌日の講演をひかえて、長野のビジネスホテルについた時はすっかり日が暮れていました。夕飯を食べようとホテルの隣にある、大手居酒屋へ。時間は、開店早々の午後五時を少しまわった頃でした。

案内されたのは、店の入り口付近にある一辺が四メートルもあろうかという巨大な囲炉裏《いろり》状の席の角。私はいくつかのおつまみとお酒を注文すると、持参したパソコンのスイッチをオンにして、頼まれていた原稿を書き始めました。

席について二十分ほどすると、私の斜め前の席に、白ワイシャツにネクタイをはずしたサラリーマンらしき男性が案内されて来ました。私との距離は一メートルくらいです。彼は注文したビールを飲みながら手帳を取り出すと、スケジュールを確認しているようでした。

　私は一人モゾモゾとしていたのですが、パソコンを閉じると、第一の勇気を出して彼に聞きました。

「すみません。このお店のトイレはどこにあるかご存じですか」

「ああ、ごめんなさい。私は何回かこの店には来ているんですが、トイレに入ったことがないもんで……」

「いや、いいんです。お店の人に聞いてみますから。ありがとうございました」

　私はそう言って立ち上がると、店員さんを見つけてトイレの場所を尋ねました。トイレは男性の座っている後ろの通路を隔てた所にありました。

　用を済ませて手を洗いながら、私は目の前の鏡の自分に向かって、第二の勇気を出すぞ！　と心に決めて席に戻りました。

「先ほどはすみませんでした。トイレはすぐ後ろ、灯台もと暗しでした」

「ああ、そうですか。良かった」

　何が良かったのかわかりませんが、会話とはこんなもの。続けて私はこう切り出しました。

「失礼ですが、私は坊さんで、明日講演を頼まれてさっき東京から着いたんですが、お見受けすると、あなたもお仕事の出張でいらっしゃいますか」

「ええ、営業でしてね」

「差し障りがあったら申し訳ないのですが、お仕事をお聞きしていいですか」

「ええ、高崎にある家具メーカーの営業をしています」

こうして午後六時近くに初めて出会った彼と話し続けること六時間！　二人で肩を並べて千鳥足で店を出る時には、店のＢＧＭは〝蛍の光〟を奏でていました。

「こんな時、仏さまならどうするだろう」

彼が隣の席に案内された時、私は思ったのです——彼も私もおそらく仕事で長野に来た同士、ホテルも一緒、男一人同士、席も隣同士。これで何も話しかけずに、お互い黙って飲んでいるのはどう考えても不自然だ——何か話しかけなければと思って、トイレの場所を聞いたのが、第一の勇気です。

広い世の中で、彼と出会ったのだから、自分がどれくらい彼に興味を持ち、関心があるか、自分の心のアンテナの感度を試させてもらう絶好の機会だ。まず自分のことを知ってもらってから、いろいろ聞いてみよう……これが手を洗ったあと、手についた水と一緒にふりしぼった第二の勇気です。

私がかくも必死になって相手への関心を持とうとするか、そのきっかけになった話が外国の童話にあります。

赤ちゃんを生んだお母さんが、神さまにお願いをします。

「どうかこの子が、だれからも好かれる人になりますように」

神は、この願いをかなえます。

その子は、皆から好かれる子として成長していきますが、長じるにしたがって、何をしても、何を言っても好かれるので、徐々に傲慢な人間になっていきます。

わが子が、傲慢で、わがままになっていくことに気づいた母親は自分の間違いに気づき、再び神にお願いします。

「どうかこの子が、誰をも好きになれる人になりますように」と。

人から好かれたいと思っている人の中には、人に嫌われたくないと戦々恐々としている方がいます。しかし、そんなことに怯えるより、まず自分が他の人を好きになってしまえばいいのです。相手への関心を持てばいいのです。それだけで、周囲が楽しく明るく変化してきます。

菩提薩埵《ぼだいさつた》の項で、自分の体験談をご紹介するのは、とても不遜《ふそん》だと思います。しかし、こんな私でも時として小さな菩薩になっていることがあると思うのです（長続きしないのが問題ですが）。

あなたも、何かの問題にあたった時に「こんな時、仏さまならどうするだろう」と考えて真似してみてください。その真似ができた時、あなたは菩薩なのです。菩薩として心のそうじをしてみるのです。そして、あなたがどこかの居酒屋に一人で入り、隣の坊主頭の一人客が「この店のトイレがどこかご存じですか」と話しかけてきたら、どうぞ閉店まで話につき合ってやってください。

2

「あんたがいらんもんは、わしもいらん」

◉「依《え》般若波羅蜜多故《はんにゃはらみったこ》」の意味

『般若心経』には「般若波羅蜜多」という語句が五回出てきます。ここはその二回目。「(菩提薩埵《ぼだいさった》は)般若波羅蜜多《はんにゃはらみった》に依《よ》るが故《ゆえ》に(心に妨げとなるものが無くなった)」という部分です。

いったい彼岸へ渡るための智慧とはどんなものなのでしょう。

「虫も殺せぬ長男」の項でもふれましたが、私は『般若心経』の中に、仏教で説く慈悲という言葉がないことをしばらく不思議に思っていました。慈悲は智慧と共に仏教の二本柱の一つです。それぞれが独立して成り立つはずはありません。慈悲という実践行が伴わない智慧はありませんし、智慧に裏打ちされない慈悲もないでしょう。

ここでは、もう一度般若（智慧）と慈悲（やさしさ）が密接に結びついていることを知っていただくためのエピソードをご紹介します。

ユーモアで包む一言

作家であり脚本家でもある向田邦子さんが、取材旅行先の台湾の飛行機事故で亡くなられたのは昭和五十六年（一九八一）八月のことです。五十一歳でした。

亡くなるこの年に行われた講演「言葉が怖い」の中で、向田さんはご自身の次のようなエピソードを話しています。

向田さんが、渋谷から東急東横線で三つ目の祐天寺に住んでいた時のこと。ある日、映画を観ようと渋谷まで出かけました。人気のある映画で二時間立ち見だったそうです。人いきれでむんむんする中、どうにか最後まで見終わって映画館の外へ出た時にはクラクラでした。

ボーッとした頭で、家まで帰ろうと渋谷駅の切符売場（当時はまだ窓口販売）まで来た向田さんは、祐天寺までの切符を買わなければならないのに、こともあろうに渋谷駅でこう言ってしまったのです。

「渋谷、大人一枚」

するると駅員さんは、ニッコリ笑って言いました。

「タダですよ」

人の失敗をけなすことなく、温かいユーモアで包んでくれたその駅員さんに、向田さんは、一瞬惚れたそうです。

言葉がきつい東京人、茶目っ気のある関西人

関西の人が東京の友人のところへ遊びに来ました。友人と東京郊外の町中を歩いていると、もとは畑だったらしい場所にミカンや栗の木が植えてあります。その木の枝にベニヤ板の看板が下げられています。

その看板には、怒り心頭に発していることを示すような字で「ここにごみをすてるな！　地主」と書かれてあります。

コンビニのごみ箱に家庭ごみを捨てるなどのマナーの低下が問題になっていますが、〝もと畑〟にも空き缶や吸殻、コンビニ弁当の箱などが捨てられていました。しかも、ここは個人の土地ですから自治体はそうじしてくれません。地主が自分でそうじしな

ければなりません。片づけても片づけても、それをせせら笑うかのように捨てられる、悪意に満ちたごみに業を煮やした地主さんの怒りはもっともなことです。

しかし、その看板を見た関西出身の人は、東京の友人に言いました。

「やはり、東京の人は、言い方がきついな」

「きつくたって、仕方ないじゃないか。それくらいマナーがひどいってことだよ」

「それにしてもきついわ。これじゃ土地を持ってない人は、なおさらごみを捨てたくなるかもしれない」

「へえ、それじゃ、関西の人はこういう書き方しないのかい」

「ああ、しないだろうね」

「そんなら、なんて書くんだ？」

「〝あんたがいらんもんは、わしもいらん〟って書いてあるよ」

なんと茶目っ気のある言葉でしょう。思わず笑みがこぼれます。

「あなたと私は同じ地域に住んでいる者同士じゃないですか」という思いが感じられる言葉です。そこに相手への敵意はほとんど感じられません。

ネガティブな表現は避けよう

東京のあるお寺は、有名人のお墓があるので大勢の人たちがお参りに訪れます。中にはマナーが悪い人がいるのでしょう。その対策のために、お堂の入り口には「土足厳禁」、境内の建物には「無断撮影禁止」、あちこちの扉には「関係者以外立入禁止」の張り紙があるそうです。その言葉がすべて〝否定表現〟なのです。

会社やお役所でも、これに類する張り紙を目にすることがあります。多くがゴチック体の活字で、誰も寄せつけないような冷たさを感じさせます。否、逆にその冷酷さを表現せんがための表記のようでもあります。

「土足厳禁」を伝えたいならどうして「靴を脱いでお上がりください」と書かないのでしょう。無断撮影を止めてもらいたい、無断で入って欲しくないなら、「撮影する際は、声をかけてください」「お入りになりたい時には、担当の者がご一緒しますので遠慮なくおっしゃってください」と書かないのでしょう。

相手が誰であれ、同じ時代に生き、つらいことを我慢し、なるべく笑顔でいたいと思っているという意味では、みんな仲間じゃないかと気づくことができる勇気を、誰でも持っていいます（ただ出せないだけ？）。そして、そこから滲み出てくる優しさも、ユーモアも、『般若心経』で言うところの智慧（般若）であり、誰もが持っているものです。

智慧と慈悲とは表裏一体、ダブル効果で心のツヤ出しをしていきましょう。

3　すべてのことはつながっている

◉「心無罣礙無罣礙故無有恐怖《しんむけいげむけいげこむうくふ》」の意味

「（菩提薩埵《ぼだいさつた》は般若波羅蜜多《はんにゃはらみった》に依《よ》るが故《ゆえ》に）心《こころ》に罣礙《けいげ》無《な》し。罣礙《けいげ》無《な》きが故《ゆえ》に恐怖有《きょうふあ》ること無《な》し」と、般若波羅蜜多を身につけた菩薩の心が自由自在になることを述べる部分です。

罣礙《けいげ》は心を覆うもの、さまたげるものという意味です。私たちの心は本来自由自在なはずなのですが、その心を覆う何かがあり、それ故に恐怖を感じることもあります。

ここでは、私が思う罣礙の例をご紹介して、恐れがなくなる糸口について考えてみます。

地べたに座る若い女の子

地下鉄のホームに降り立つと、向かいホームの円筒形の柱によりかかり、制服のスカートを短くたくし上げたルーズソックス姿のコギャルが目にとまりました。ペタンと座って携帯メールをしています。ちょうど娘が中学生の頃だったので他人ごととは思えません。

乗り換えのために、彼女のいるホームに行かなければならなかったので、私は階段をのぼりながら彼女に言ってあげようと思いました。

「お嬢さん、こんな所に座っていたんじゃ、お尻が冷たくなっちゃうよ。柱に寄りかかってもいいから、せめて立ちなよ。その方がずっと可愛いよ」——お尻が冷たくなるじゃ、エロオヤジかな。〝ケツが冷えるぜ〟……これじゃ渡世人だ。まあいいや、出たとこ勝負だ——そんなことを思いながら、階段を降りはじめました。

しかし、床にのばされた彼女のカモシカのような足が見えたとたん、私は、作戦を中止しました。私が思っていることを彼女に言えば、気だるそうな眼差しを私に向けて、こう報復されるだろうと思ったからです。

「つるせーな、オヤジィ。ウザイんだよ。おめぇに関係ねぇだろが」

そう言われれば、とっさにどう対応していいかわからないので、中止したのです。

電車の中での化粧は言うまでもなく、電車の床にも平気で座ってしまう子どもたち
（私は「車内で化粧する女性に限って可愛い子やきれいな人はいない」という噂を流布させて、良妻賢母を増やしたいと思っている一人です）。

地べたに座ってしまう彼らをジベタリアンと称するそうですが、その習性を「ああ見えても、彼らはなるべく大地との距離を縮めたいという潜在的自然回帰の欲求があるんですよ。だから何も敷かないでそのまま座るんですよ」と私に説明してくれた人もいました。ホントですかね？

社会学の先生によると、彼らはどこにいても自分の部屋感覚だというのです。彼らにとって、周囲の人々は部屋の置物みたいなもので、ただの飾り。生きている自分には関係もなく、繋がりも持っていないので、気にすることがないというのです。

それを大人が「ここは公共の場だよ」と言ったところで、自分と周囲の人（彼らにとっては物）との関係性が見いだせないので「あんたには関係ないじゃん」という言葉で表現することになるのです。

「あなたには関係ない」なんてことはない

この「あなたには関係ないこと」という言葉は、何も若い人の専売特許ではありません。自分が保っている関係性の輪に、外部の人間が入り込んでくるような時に、誰もが、つい使いたくなる言葉です。恋人同士でも、夫婦でも、親子の場合でも、自分と関係性がないと思う人がその間に入ろうとすれば、「あなたには関係ないです」と言いたくなるでしょう。

こちらが何かしらの関係があると思い、ひとこと言おうとしたり、何かしようとしたのに、「あなたには関係ないですから」と言われると、私たちは目の前に大きく冷たい文字で書かれた「関係者以外、立入禁止」の巨大な鉄の黒い壁を立てられたような気になります。とても切なく、悲しくなり、途方に暮れます。

しかし、どう考えても、関係性がないということはあり得ません。

ホームの女の子には、その場では言いませんでしたが、その後乗り換えた地下鉄の車内で、今度あの子に出会ったら、こう言おうと心に決めました。

「あのね、世の中に関係ないなんてことはないんだよ。私がこの時間に向こう側のホームに降りなかったら君を見ることもなかっただろう。つまり同じ時間に同じ地下鉄の駅にいるという関係があるんだよ。それだけじゃない、私に同じ年くらいの娘がいるっていう関係もある。同じ日に生きてる日本人同士って関係もある。そんなにすごい関係があるから言ってるんだよ」

「あなたには関係ない」と冷たく言う人は、他との関係を自ら断ってしまっている場合が多いものです。そのために「自分のことを誰も分かってくれない」と寂しい思いをしていることもあります。

そんな時にはぜひ冷静に知恵を使って考えてもらいたいものです。

「私のことを分かってくれないと思っている自分は、どれだけ人のことを分かろうとしているだろう」と。

「気楽」と「孤独」は紙一重

「人」という漢字は辞典によると〝人の立った姿を描いたもの〟と解説がしてありま す。ですから、象形文字の成り立ちや学問的には、私が小学校で習った〝二人の人間がお互いを支えあっている様を表している〟という見解は出てこないかもしれません。

しかし、道徳的には名解説だと思います。

ある親孝行な息子が母親のために、自宅に部屋を一つ用意しました。お嫁さんや孫に余計な気兼ねをしなくていいように、部屋にはテレビ、電気ポットはもちろん、小さなシンクや冷蔵庫、部屋の横には専用トイレまで備えつけられ、まるでキャンピングカー仕様です。ところが、そのおばあちゃんは一人で気楽どころか、とても寂しいと言うのです。

「まるで、邪魔だから部屋から出てくるな」と言われている気がする時があるのだそうです。

「孫たちが朝や夕方に私の部屋の前を通ります。その時に、私の部屋のドアをあけて、行ってきますや、ただいまを言ってくれた日はとても充実した気持ちになります。でも、行ってきますとも言わずに私の部屋の前の廊下を素通りされてしまう日は、とても長く感じるんですよ。ただいまの言葉も言ってくれないと、まるで私はこの家の一員じゃないような気がして、夜のテレビも面白く見られないんです」

一人で暮らせるようになってしまったら、支え合うという意味からはもう人ではなくなってしまいます。そんな気持ちが反映され始めたのでしょうか、最近の家の間取りは、家族が集う居間を通らないと他の部屋へ行けなかったり、子ども部屋には鍵をつけないなど、家族の共有スペースを核に家族の絆を考えたものになってきました。煩わしさを嫌がり、ニヒルを気取り、卑屈になるよりも、死ぬまでの生きている間の人生を、しがらみを楽しみながら、心を大きくしていきたいものです。

世界は繋《つな》がっている

仏教の世界観の中に「帝網重重《たいもうじゅうじゅう》」と呼ばれるものがあります。帝釈天《たいしゃくてん》（もともとインドの神で阿修羅《あしゅら》と闘っています。阿修羅も後に仏教守護の神として仏教に取り入れられます）のいる世界には、ドーム球場さながらに上空一面に網がかかっています。この網のつなぎ目すべてにはパチンコ球のように表面がつるつるの球があります。一つの球には帝釈天の世界がすべて映っています。それだけでなく、その一つの球の表面にすべての網も、他の球も映っているのです。

すべての球が他のすべての球を映し出す。すべてが関係性を持っているということを表しています。今流に言えば、すべてはリンクしているという考え方です。アメリカがくしゃみをすると日本が風邪をひく、そんな関係性がどんなことにも当てはまるというのが、仏教の世界観なのです。人も物もみんな繋がっているのです。

心をそうじしていくと、心がサッパリするだけではありません。同時に心を飾っていくことにもなるのです。

4

「恩」と「恩」――ギブ&テイクの落とし穴

◉「遠離《おんり》一切《いっさい》顛倒《てんどう》夢想《むそう》」の意味

「一切《いっさい》の顛倒《てんどう》（逆さになった考え）、夢想《むそう》（現実を無視した夢見心地のような考え）を遠離《おんり》して（遠く離れて）」という語句ですが、顛倒も夢想も前項の心をおおう罣《けい》礙《げ》の具体的な例だと考えてください。

自慢にはなりませんが、私の思考は顛倒のてんこ盛り。遠離するなど夢のまた夢。まるで、ジグソーパズルを始める時に、ひっくり返っているピースをそのままにしてパズルを完成させようとしているようなものです。

まずは顛倒しているピースを見つけて、一つ一つ表にしていこうと思っています。そこから、いつか素晴らしい一つの作品ができあがると思うのです。

ここでは山ほどある私の顛倒的思考のうちから一例をご紹介します。

心の荷物整理をしていますか

「人の一生は重き荷を負うて遠き道を行くがごとし」と言ったのは徳川家康。生きていくには、誰もが物質的なものを手に入れるだけでなく、心にもさまざまな主義、思い入れ、価値観を詰め込んでいきます。その中身は、人生を歩けば歩くほど増えて、家族や社会（会社？）への責任、プライド、生活、見栄、子どもの教育、愛など、あふれんばかりになっていきます。

しかし、かつては底のほうに大容量を占めていた大切な物も、いまではほとんど必要ないものもあるはず。逆に取り出し口そばにあって、ともすれば落ちてしまいそうだったものを底のほうに移したほうが、バランス良く人生を歩いていけることもありそうです。あるいは、そろそろサイドポケットに移して捨てる準備をしたほうがいいものもあるかもしれません。

私は四十歳くらい前まで「坊さんが言う〝ご恩返し〟というのは、してもらったことはしてあげる、つまりギブ&テイクということだ」だと思って「世の中はギブ&テイク」という荷物を心の中に大切にしまっていました。ところがその荷物をサイドポケットに入れることになった出来事がありました（まだ捨ててしまう事はできません）。

子育てした親の思い

お彼岸で忙しいある日、家内が夕飯の支度《したく》をできなかったので家族で夕飯を食べに行くことになりました。お寺の戸締まりをして、家内と長男次男はさっさと車へ。最後に台所のテレビを消したのは中学三年の末っ子の長女でした。

運転席に私、助手席には家内。身体の大きな子ども三人が後部座席に肩を細めて座って、いざ出発。ところが走り出してすぐに、娘がルームミラー越しに私を見て尋ねました。

「ねえ、お父さんとお母さんが寝たきりになったら、誰が面倒みるの？」

「へっ？」唐突な質問に私は戸惑いました。娘がテレビを消す直前、番組で寝たきりの人の介護の問題を取り上げていたらしいのです。

私はめげずに答えました。

「そりゃ、お前たち三人が面倒みるんでしょうよ」

すると後ろで三人が声をそろえて、エーッ！　と顔を見合わせます。私はあわてて言いました。

「だってね、お前たちは覚えていないかもしれないけど、お前たちは生まれてから半年間は、みんな寝たきりだったんだぞ。ウンチだってオシッコだって自分じゃ始末できなかったんだぞ。食べ物だって自分じゃ食べられなかったんだ。野菜でもお肉でも茹《ゆ》でて裏ごしして食べさせてくれたの、誰だと思ってるんだよ。みんなお父さんとお母さんがやってあげたんじゃないか」

とっさにしては、なかなかの「ギブ&テイク」の変則名言だと思って助手席の家内を少し得意気に見ると、家内はニヤリ。

「あなたはぜんぜんやらなかったじゃない！　何を偉そうにおっしゃいますの？」と目が言ってる。このままでは分が悪いので、ルームミラーで子どもたちを見て言いました。

「……だもの、お父さんとお母さんが寝たきりになったら、お前たちが面倒みるのは当たり前じゃないか」

ところが言ってしまってから、シマッタと思いました。だって、どうします？　次のセリフが返ってきたら――。

「わかったよ。じゃあ、六ヵ月は面倒みるよ」

「布施」は、見返りを期待しない

幸いなことに、そう言われる前に目的のお店に着いたので事なきを得ました。しかし、寺にもどってからつくづく思いました。

私はそれまで、ギブ＆テイクの考え方が大切だと思ってました。親孝行、ご恩返しは日本人にとって、美徳です。義理と言いかえてもいいかもしれません。

「あなたのお父さんには生前いろいろしてもらったんだ。それなのに大したご恩返しもできないままに亡くなってしまった。だからせめて、あなたに何かしてあげないと、お父さんへの義理がたたないんだよ」――渡世人の映画や小説に出てきそうな言葉ですが、実際にこんな思いで、人に何かをしてあげようとする人は多いものです。

しかし、仏教の「布施《ふせ》」はこれとは異なります。布施というのは、見返りを求めないこと、条件付けをしないでやることです。それまで私は人前で〝布施の精神の大切さ〟を説いてきたにもかかわらず、自分で何も分かっていなかったのです。

親が子どもの面倒をみたのは、将来子どもに面倒をみてもらいたいからであるという、布施の精神とは全く逆の「見返りと条件付けの権化《ごんげ》」のようなことを自分で思っていたのです（つまり無明だったのです）。

以来、私は「世の中はギブ&テイク」という荷物を、「恩は着るもの、着せぬもの」というコンパクトサイズにして、サイドポケットに移しています。こんな心の荷物の片づけ法として、本書が一助になれば幸いです。

5 笑って死んでいくためには、笑って生きること

◉「究竟《くぎょう》涅槃《ねはん》」の意味

「究竟《くぎょう》涅槃《ねはん》」は「涅槃《ねはん》を究竟《くぎょう》する」と読み下《くだ》します。煩悩《ぼんのう》の火が吹き消された、心の安らかな境地を涅槃（ニルヴァーナ、ニッバンの音写語）と言います。究竟はたどり着くという意味。

「菩提薩埵《ぼだいさった》は般若波羅蜜多《はんにゃはらみった》に依《よ》るが故《ゆえ》に、心《こころ》に罣礙《けいげ》無《な》し。罣礙《けいげ》無《な》きが故《ゆえ》に恐怖《きょうふ》有《あ》ること無《な》く、一切《いっさい》の顚倒《てんどう》、夢想《むそう》を遠離《おんり》して、涅槃《ねはん》を究竟《くぎょう》する」（求道者たちは、彼岸に渡る智慧を身につけることで心を覆うものが無くなる。心を覆うものが無いので恐れを抱くことも無く、一切の誤った考えや非現実的な考えを抱くことも無く、心やすらかな境地にたどり着くことができるのだ）

この項では、私なりに、涅槃《ねはん》を究竟《くぎょう》したと思われるお二人の例をご紹介します。

土門拳がいちばん気をつけていること

日本を代表する写真家の一人である土門拳《どもんけん》さん（一九〇九〜一九九〇）。写真集が出版されるのに合わせて、東京帝国ホテルで記者会見が行われることになりました。口下手な土門さんは、記者会見がとても苦手だったそうです。

会見の朝、土門さんから旧知のアナウンサー村上正行さん（当時ニッポン放送）に電話がかかってきました。

「村上さん、悪いけど今日の帝国ホテルの記者会見に一緒に来てくれませんか」

「だって、あなたの記者会見でしょ。いくら私が話のプロでも、私が行っても何も役に立てないじゃないですか」

「会場にいてくれるだけでいいから、来てください」

土門さんに懇願された村上さんは同行することにしました。

いざ会見が始まると、写真のリアリズムを追求し、次々に話題作を発表していた土門さんに、多くの質問がとびだします。

そして、最後にこんな質問が出ました。

「土門さんが写真を撮る時に、いちばん気をつけていることはどんなことですか」

「いちばん気をつけていることですか……」

そう言うと、土門さんは、黙って下を向いて考えはじめてしまいました。誠実な人柄で、写真に対する真摯な思い入れをみせるその態度に、会場は静まりかえりました。

そして、ゆっくりと顔を上げた土門さんは、真面目な顔でこう言いました。

「それはですね……。それは、カメラのレンズキャップをはずすということです」

そばにいた村上アナは、このひとことが土門さんの人柄をすべて表していると感じたそうです。

右の話を教えてくれた村上正行アナ（平成十七年六月逝去）は、密蔵院で三年半にわたって話し方の勉強会をしてくれました。その中で、村上さんが土門拳さんのこのエピソードを紹介してくれたのは、話で大切なことは何かを教えてくれる時でした。

「話で大切なことが三つあります。一つはこちらが言ったことが正確に伝わることです。〝右〟と言ったことが相手に〝左〟と伝わらないことです。二番目が、相手に行動を起こさせるということです。旦那に〝早く帰ってきてね〟と言ったら、旦那が早く帰ってこなければ言葉の意味はないことになります。そして、そのための絶対条件が二番になります。それは〝こちらが腹を見せちゃう〟ということです」

「電車で隣の人に突然、どこまで行くか聞いても答えてはくれません。答えてほしければまず私は○○まで行くんですが、どちらまでですか、と聞けば答えてくれるでしょう。話というのは、どんな美辞麗句を並べるかでもなければ、発声がどうのということではないんです。写真家の土門拳さんは……」

こうして、土門さんのエピソードを紹介してくれたのです。

家に帰ってまず何をするかと言えば、食事の心配をすることでもなく、明日の仕事の段取りを考えることでもありません。「ただいま」と笑顔で言うことでしょう。

美味しいお茶を飲むには、まず湯を沸かすことです。

花を咲かせるには、まず種を蒔くことです。

仕事をするには、元気でいることです。

生きるためには、呼吸することです。

笑って死んでいくためには、笑って生きることです。

私たちは、この当たり前のことをつい忘れてしまいがちです。

過去にこだわらない世界のクロサワ

　ここで、生きていく上で何が大切なのかを示唆してくれる、日本を代表するもう一人のエピソードをご紹介しましょう。

　世界のクロサワこと、黒沢明監督が文化勲章を受章した時のことです。

　授章式の際、昭和天皇から「あなたの作品の中で、自分で傑作だと思うのは何ですか」という質問を受けた黒沢監督。

「ありません。しいていえば、これから作る作品でしょうか」と答えたそうです。これは、その時同席していた中国史の大御所、貝塚茂樹京大名誉教授の話として伝えられています。過去の作品にはこだわらずに、先のことを見据えていた黒沢監督の真骨《しんこつ》頂《ちょう》とも言うべき言葉でしょう。

　時々、結婚を控えたカップルに「今がいちばん幸せだよ」と説教っぽく言うツマラナイ大人がいますが、そんなことは言うべきではありません。結婚までが幸せの最高潮で、その後は下降線をたどったのが自分だったとしても、それが誰にでも当てはまると思ったら大間違いです。いつだって、今が、そしてこれからがより良くなっていくと思うことは人生にとって、とても大切なことです。

修行の結果たどり着いたお二人の言葉は、私にとって涅槃の境地から発せられたかのようです。過去の良かった時代を懐かしみ、今のわが身の上を嘆くことなく、大切なことをしっかりと見きわめて、こんな自分になりたいとイメージして、心のそうじをしながら今日を生きていきたいものです。

6 仏教がわかりやすくなる「仏」の考え方

◉「三世《さんぜ》諸仏《しょぶつ》」の意味

三世は過去・現在・未来のことです。

お釈迦さまが悟りを開いた後、人々は「お釈迦さまを悟らせた力が働いたはずだ」と考えました。その力は、お釈迦さまだけに作用したわけではなく、遠い昔から、はるか未来にいたるまで、私たちに平等に降り注いでいる力です。

ですからその力によって、過去にも仏はいたはずですし、これから先にも仏となる人たちがいるはずです――これが三世諸仏です。

後世になって、私たちの周りに遍在し、私たちを悟りに導くこの力も仏と呼ぶようになりました。その力の総体を大日如来とか、久遠実成《くおんじつじょう》の釈迦と言ったりします。

そして、その力のさまざまな性質を抽出したものも、仏と呼ばれるようになります。その力は私たちが普段意識しにくいものですが、私たち誰もが持っている性質でもあります。

では具体的にどのような性質が、どんな仏になっているかについて、私が自分なりにたどり着いた考え方をご紹介しましょう。

人こそ観音さま

先に触れた、落ちた椿の花を見てポトリという音を観たというのは、考え方次第、心のアンテナの張り方次第で、誰でも観音さまになれる！　という話です。私はこれを聞いてから、自分を含めた自分の周囲の中に仏さまを探しはじめました。自分や周囲の人の言動、あるいは現象を観て、感じて、そこから共通点を探したのです。

〝優しさ〟という共通点があれば観音さま（みたい）と呼びます。過去多くの人たちが優しさを母親の中に見いだしたので、観音さまは、サンスクリット語では男性名詞であるにも関わらず、女性のイメージになります。

仏教の慈悲の意味は〝楽を与え、苦しみを抜く〟ことです。親が子どもを遊園地や旅行に連れていく、美味しいご飯を作ることも、楽を与える行為に他なりません。そして、子どもが泣いている時に優しく抱いてあげること、怪我をした時に薬を塗ってあげることは苦しみを抜くことになります。

もちろん、二十四時間観音さまであり続けるのは難しいでしょう。しかし、時に即して、事に応じて優しさを発揮できれば、その時、その事にあたっては観音さまと呼んでいいのだと思います。

さらに発展して、その優しさがどんな形で現れているかを形で伝えたものが、さまざまな観音さまになったのだろうと思うのです。

幾千もの優しい手のおかげで、今自分がこうしていることを再認識するために千手《せんじゅ》観音が造られたのだと思います。そして多くの眼差しによって自分が育てられてきたことを実感した人が、千手に千眼《せんげん》を加えて、千手千眼観音を造ってきました。

あるいは、親や友人たちの笑顔、泣き顔、悲しい顔、怒った顔など、幾十ものさまざまな顔によって、今の自分があることに気づいた人が十一面観音を造りました。

決意――不動は動かない心のこと

「音を観る」という観音さまの他に、もう一つ不思議に思っていた仏さまの名前は

「お不動さま」です。私の寺の本尊がこの不動明王《ふどうみようおう》ですが、〝動かず〟という名前のわりに、その身体は筋骨隆々で躍動感に満ちあふれています。

不動という名前が意味するのは〝心が動かない〟ことでしょう。何かをするにあたってまずやらなければならないのは「こうしたい」とか「こうしよう」と決心することです。こうして心が動かなくなったら、あとは、身体を動かすだけです。具体的な行動を起こすだけなのです。

そのためには、フラフラ迷う心を断ち切る剣や、縛りつけておく縄や、悪い心を燃やしてしまう炎のような勇気や元気も必要です。それが不動明王の姿に象徴的に表されています。

つまり、どこかに不動明王がいるのではなく、私たちが何か行動を起こす時には、その裏側に不動の決意が必要であることを示しているのです（仏教の場合には、良いことをするための決意であり、実行力です）。

自然治癒——薬師は生命力のこと

そしてまた、私たち人間を含めて、生き物が身体の中に持っている自然治癒力や生き物がもともとそなえている力（これを中国人は「元気」という言葉で表したのではなかろうかと思います）。それを「薬師」と呼ぶのではないかと思うのです。

心臓を動かしたり、発汗作用をうながす自律神経は、実に不思議な力です。私たちの意志とは関係ない所で、自ら律した力を発揮して身体を守っていてくれます。

五百種類もの化学反応を同時にこなしている肝臓の働き。このうちの一つ、ブドウ糖が完全燃焼してエネルギーを作り出すまでの二十のステップの最初段階は、ブドウ糖がブドウ糖六リン酸になるのだそうです（書いている私にも?です）。これを実際に工場で百人分作ろうとするとその敷地は約三百平方キロメートルになるそうです。実験室なら何日もかかる化学反応を、肝臓は数分で同時に行っているというのですから驚きです。こういう力を仏教語に翻訳して薬師と呼ぶのだと思っています。

私たち生き物だけではありません。地球が持っている自浄能力も、私は薬師と呼んでいいだろうと思っています。

数千いるといわれる仏教の仏さまたち。そのすべてについて、こうした合理的な解釈ができるとは思っていません。深遠な精神的な極致に至らないと感じ取れないものもあるでしょう。

しかし、超人的な能力を持つ人格化されたナニモノかが、私たちに恩恵を与えたり、天罰を下したりする「支配者と支配される者の関係」が初めから存在していると考えると、人としての主体性がなくなります。

あるいは、貢ぎ物をして、支配されている人間がその支配者を操作するような関係性の中では、常に見返りを求めて行動するという打算的人生に陥りやすくなるものです。

仏さまを拝むということは、とりもなおさず、どこか別の場所にいるスーパーマンに頼ることではなく、自分自身の中にすでに内蔵されている力を呼び起こすことなのだと思うのです。皆さんも、仏さまに手を合わせる時、自分の中の力を呼び覚ますつもりになってみてください。仏さまが、ずっと身近に感じられるはずです。

心のそうじはだれか他の人にやってもらうわけにはいきません。自分でやらなければならないのです。

7 「うらやましい」という気持ちとのつきあい方

◉「依《え》般若《はんにゃ》波羅《はら》蜜多《みった》故《こ》　得《とく》阿《あ》耨多羅《のくたら》三藐《さんみゃく》三菩提《さんぼだい》」の意味

「依《え》般若《はんにゃ》波羅《はら》蜜多《みった》故《こ》　得《とく》阿《あ》耨多羅《のくたら》三藐《さんみゃく》三菩提《さんぼだい》」は「（三世《さんぜ》諸仏《しょぶつ》は）般若《はんにゃ》波羅《はら》蜜多《みった》に依《よ》るが故《ゆえ》に、阿耨多羅《あのくたら》三藐三菩提《さんみゃくさんぼだい》を得《え》た」と読み下《くだ》します。この阿耨多羅三藐三菩提は「この上ない正しく平等な悟り（目覚め）」という意味の「アヌッタラー・サムヤック・サンボーディ」の音写です。その悟りの崇高さはとても漢訳しきれないので、音をそのまま漢字に当てはめています。

　ここでは、平等な目覚めという言葉に焦点を当てて、心をそうじするための物事の見方について考えてみます。

負けた数にスポットライトを当ててみると

さだまさしさんの歌に、『甲子園』という歌があります。

ある夏の午後、恋人と入った喫茶店のテレビで、甲子園から高校野球の中継をしている——その時の状況を、さだまさしさんらしい感性で書き綴った歌です。

その二番に仏教的なものの見方だなと思った歌詞があります。四千を超える高校野球のチームの中で、優勝したチームは一度も負けなかった一校。しかし、他のすべてのチームも負けた回数は、たった一回だけだという部分です。

車のラジオから流れたこの歌を聞いたのは、後にも先にも十五年ほど前に一度だけですが、強烈な印象として残っています。毎年、八月十五日すぎに日本中を熱狂の渦に巻き込む甲子園のベストエイトからの上位戦ですが、そのかげに、地方大会からの熱戦があります。勝った回数ではなく、負けた回数という見方でみれば、まさに、優勝校以外、負けた回数は、どのチームも一回だけなのです。

私たちは、どうしても、光の当たる部分ばかりに目をうばわれがちです。しかし、それは一つの見方でしかありません。それを、身近な例からみごとに浮き彫りにし、日の当たらない所も、日の当たる場所と同じ価値があることを、さださんは訴えているように感じたのです。車の中で「これが仏教だよねえ、さださん！」と叫んだのを覚えています。

自分の大変な時と人の楽な時を比べない

ある出来事を、一つの方向からしか見ないのでは、物の本質が見えません。円筒形は横から見た長方形と、上下からみた円形の両方を見ないと、全体像がつかめないのと同じです。一つの方向からだけ見て、自分のご都合やわがままが加わると、ますますかたよった見方になってしまいます。

それでは、その例をよくありそうな実話でご紹介してみましょう。

ある人が講演をたのまれて、出かけます。当日行っては間に合わないので前日に現地に入って、旅館で一泊することになりました。すると、主催者が夕飯を地元の有名料理屋にセッティングしてくれます。

楽しい夕餉《ゆうげ》を終えて床に就《つ》き、明けて一人でゆっくりと朝食をすませるとお迎えが来て、会場まで連れていってくれます。

会場につくと、彼は自分が会場からどう見えるか確認するために、最前列の左右、最後部の席から、自分の立つ場所を確認します。こうすると、実際に話をはじめた時に、会場全体を見ながら話ができるからだそうです。

話の時間は九十分くらいですが、いざ始まると、聞いてくださっている方の反応に話し手も一喜一憂。戦々恐々としながら話を進め、最後の二十分では話をどうまとめるか時間を計算しながら、頭をフル回転させます。どうにか役目を果たした時には、心地よい疲労感が全身を包みつつも、ボーッとしてそのまま帰路につくそうです。

家にもどって玄関を「ただいま」と力なく入ると、出てきた奥さんが真っ先に言ったのは……。

「どうだった?」

「ああ、皆さん喜んでくれたみたいだよ」

「違うわよ。何を食べて来たの?」

「えっ? 何? どうだったっていうのは、美味しいお酒やご馳走のこと?」

「そうよ。何、食べてきたの?」

彼は靴を脱ぎながら答えます。

「そりゃ、竹に入ったお酒や、数少ない天然物の魚料理、他にも……」

お茶を入れてくれながら、奥さんはうらやましがったそうです。

「いいわねえ。私なんかどこにも行ってないのに。あなたばっかり……いいわねえ、ずるいわよ」

彼は奥さんから「ずるい」と言われて口ごもりました。何か言い返したかったのですがうまい言葉が見つかりません。でも何かが変です。彼は本当にずるいでしょうか。

「いいなあ。うらやましいなあ。ずるいなあ」という言葉は、自分の心を痩せさせてしまう暗黒面を持っているような気がします。

うらやましいと思う心のカラクリ

いったい、うらやましいと思う心のカラクリは、どういうことになっているのでしょうか。

おぼろげながら見えてくるのは、誰かのことをうらやましいと思う時は〝自分の大変な時〟と〝他人の楽な時〟を比較しているようだということです。

彼は、自分が老舗《しにせ》の料理屋で、美味しいお酒とご馳走をいただきながら、楽しい会話をしていた時、奥さんが家でどう過ごしているかを考えました。きっと彼女はこう言いたかったのだろうと優しい目をして私に言いました。

「あなたがそうやって、美味しいお酒やご馳走、そして楽しいおしゃべりをしていた時、私は何をしていたと思うの？」

「夕飯のおかずと明日の朝ご飯のために、夕方には買い物に行ったのよ。それも、ワンパック十五円安い卵と一つ五円安い納豆を買うために、いつもより五百メートル遠くのスーパーまで自転車で行ったのよ」

「帰って来てからは、洗濯物が湿らないようにすぐに取り込んで、それから一時間かけて夕飯を作ったわ。それを子どもたちは五分くらいで食べちゃったのよ。すぐに食器を洗って食器棚にしまえば、何のことはない、まるで使ってなかったみたいじゃない」

「それから犬の散歩に出かけて帰ってくると、まだ誰もお風呂に入ってないじゃない。子どもたちに早くお風呂に入るように、怒りたくもないのに怒らなければならないし。その間に洗濯物を畳んでタンスにしまえば、これもまるで私が何もしてなかったみたいにきれいに納まる訳よ」

「やっと自分もお風呂に入って、お米を研《と》いで炊飯器のタイマーをセットして、ふーっとため息をつくのは夜の十一時を過ぎる頃よ。その間、あなたは何をしてたの？美味しいお酒とお料理、楽しい会話……。いいわねえ」

自分の大変な時と人の楽な時を比べれば、だれだってうらやましくなります。本当は、そんなことを比べずに、自分がやることをやったのだということで満足すべきですが、なかなかそうはいきません。どうしても比べたいのなら、他人の大変な時と自分の楽な時を比べてみるべきです。

たとえば彼の講演当日、奥さんは子どもたちを学校へ送り出し、家事もすませて、十時のお茶。テレビをつけて、お菓子をパリポリ。昼食は冷蔵庫のあり合わせで簡単にすませ、お腹が一杯になってごろりとなり、そのまま心地よい午睡のひととき、だったとします。

その間、彼は話の内容や、会場の様子を点検し、何が起こるか分からない状況の中、緊張の糸を解くことがない九十分を過ごし、帰りの電車の中で、その日の反省をし続けたのです。これを比べたら、彼の奥さんもうらやましいとは言えなかったでしょう。

私は彼の話のおかげで、うらやましいと思うカラクリがわかってから、自分の楽な時とその人の大変な時を比べる習慣がつきました。これでずいぶん心が軽くなり、心の中に散らかっていたものが整理された気がしました。

『般若心経』はここまでで般若波羅蜜多の功徳についての説明を終わり、続けてすべてが真言に帰すことを説く部分に入ります。

5章

あなたが「人生の主人公」！

もっと大胆に生きられる『般若』の智慧

まさか…
という坂を
こえるには
おかげ
というかげを
おいかける

茅彦

1 心のそうじ道具は手の内にある

◉「故知《こち》般若波羅蜜多《はんにゃはらみった》　是《ぜ》大神呪《だいじんしゅ》　是《ぜ》大明呪《だいみょうしゅ》　是無《ぜむ》上呪《じょうしゅ》　是無《ぜむ》等等呪《とうどうしゅ》」の意味

「故《ゆえ》に知《し》る。般若波羅蜜多《はんにゃはらみった》はこれ大神呪《だいじんしゅ》なり、これ大明呪《だいみょうしゅ》なり、これ無《む》上呪《じょうしゅ》なり、これ無《む》等等呪《とうどうしゅ》なり」（ですから知るべきです。般若波羅蜜多は大いなる真言、心の闇を明るくしてくれる真言、この上も無い真言、比べるものの無いほど素晴らしい真言で表すことができるのです）

この部分は『般若心経』の中でも、個人的に好きな所です。それまで述べてきたことを踏まえて仏さまが舎利（子）に「だからさ、もうそろそろわかっていると思うけどね」と言っているように聞こえるのです。

仏さまと知恵第一と言われた舎利の間に暗黙の了解があるように感じられるのです。

そこでこの項では、人から指図を受けなくても自分自身で問題解決できる、自分でも何となく感じている「自分に秘められた力」について話を進めます。

白が流行する理由

世の中が、混迷して、それまで共同体が持っていた共通の価値観が維持できなくなり、先を見通すことが難しく、誰もが不安な日々を送っている――こんな、どこにでも書いてあるようなことを言ってはいけないのかもしれませんが――何を求めていけばいいのか分からない時代の真っ只中に、今の日本はあるようです。

誰に聞いても、これが正しいという答えがない時代（いつだってそうなのですが……）であるからこそ、「こうなのです」と断言してくれる人を、人々は無意識のうちに求めているのかもしれません。

かつて友人に「よく当たる占い師がいるから会ってみてください」と誘われたことがありました。

私は特に占って欲しいことはなかったので、普通に世間話をしていました。話をしながらも、その断定的な言い回しに少々閉口していたのですが、彼女が言った次の言葉に驚きました。

「名取さん、来年は白い色が流行するわよ」

「へぇ、ファッションのことも分かるんですか」

「ファッションだけじゃなく、いろいろなところで白が注目を浴びるはずよ」

「企業秘密だったら仕方ないんですが、良かったら、どうして白が流行《はや》るか教えてくれませんか」

「だって、来年はうさぎ年だからよ」

「……」（私は人がいいので、辰年は何色ですか？　とは聞きませんでした）

女性誌に掲載される占い師、霊能者の広告の量は驚くばかり。また、朝のテレビ番組の星座や血液型による〝今日の運勢〟も大はやり。誰もがそれを信じて日々暮らしているとは思いませんが、自分から考えて行動するのではなく、他から与えられた指令によって行動を決めていく姿を見るにつけ、その人自身の生き方の不安定さを垣間見るような気がします。人から指図されなくても、自分の中にしっかり生きていく勇気と元気があるのに……と思うのです。

道に対する三つの態度

明治の文豪森鷗外は、その著『寒山拾得《かんざんじっとく》』（大正五年）の中で、人々の道とか宗教に対する態度として三つをあげています。

まず鷗外は「無頓着な人」がいると言います。毎日、仕事で日々を送り、人の踏みおこなうべき道としての道や、人生とは何かについて、考えようとしない人です。そういう人は、それなりに、けっこう楽しく、充実した毎日を送ることができます。

次に「著意《ちゃくい》して道を求める人」。宗教や道にのめり込んで、すべてをなげうってしまう人。三つめは「自分の仕事はこなしながらも、日頃から自分が生まれた意味は何か、生きている意味は何か、自分と世界との関係はどうなっているのか考えている人」です。鷗外は「こういう人が深く入り込むと日々の務《つとめ》がすなわち道そのものになってしまう」と言っています。

知り合いの俳句のN先生と話をしていた時のことです。「茶道や華道は道なのに、どうして俳句は俳句道と言わないのだろう。それが腑に落ちない」と不満を洩らしました。その後に、新潟で行われた俳句の結社の研修会の話をしてくれました。

各地で俳句の先生として活動している人たちが冬の新潟に集合。初日の研修は全員が日本海を臨んで二句作って提出したそうです。そして迎えた二日目の講習会。参加者の俳句を一通り読んでから壇上に立った会長は次のように言ったそうです。

「仮にも全国で先生といわれている皆さんが、こんな俳句しか作れないのはとても残念です。全員が直接日本海のことしか詠んでいないではないですか」

聞くと、会長の二句は冬の日本海を前にしながら、海を表す語句はなく、それでいて、日本海をイメージさせる句だったそうです。

「あれには参りましたよ」とN先生は笑いました。

しかし、私はその話を聞いて「その会長くらいの境地にまで達していけるなら、俳句道と言ってもいいではないですか」と励ましました。おそらくその会長さんにとって、日常すべてが俳句なのでしょう。

かつて、ジャズミュージシャンの渡辺貞夫さんが「私にとって、食事も寝ることもすべてがジャズです」と言っていました。こうなるとジャズ道です。

ものごとをとことんやっていくと、その道にすべてが包括されてしまう――これを鷗外は、「著意して道を求める人」と表現したのです。

盲目の尊敬が滑稽なわけ

そして、鷗外の分類した宗教や道に対する三つ目の態度は、実に示唆に富んでいます。それは、「宗教や道に無関心というわけでなく、その存在意義を認めてはいるものの、だからといって自分から進んで道を求めようとしない人」だというのです。

こういう人は、宗教者や道の専門家をすごい人だと思って尊敬します。この尊敬について鷗外は次のようにバッサリと切ります。

「尊敬はどの種類の人にもあるが、単に同じ対象を尊敬する場合を顧慮《こりょ》して言ってみると、道を求める人なら遅れているものが進んでいるものを尊敬することになり」

「自分のわからぬもの、会得《えとく》することの出来ぬものを尊敬することになる。そこに盲目の尊敬が生ずる。盲目の尊敬では、たまたまそれをさし向ける対象が正鵠《せいこく》を得ていても、なんにもならぬのである」

『寒山拾得《かんざんじっとく》』は、閭《りょ》という唐の役人が、ひどい頭痛で苦しんでいた時、ふらりとやってきた僧に、まじないで頭痛を治してもらうところから話が始まります。その僧から、閭の新たな着任地にある国清寺《こくせいじ》に、拾得《じっとく》という僧がいるが実は普賢菩薩《ふげんぼさつ》であり、近くの岩窟にすむ寒山《かんざん》は、本当は文殊《もんじゅ》菩薩だと耳打ちされます。

寒山拾得の破天荒な振る舞いや奇行にも、二人が文殊と普賢だと疑わない閭は自分が分からない深い意味があるように思って感心し、尊敬します。

この話は、鷗外が自分の子どもに話した内容をほとんどそのままに記した作品ですが、仏教の「仏は、必要に応じて姿を変えて人々を救う」という考え方が土台にあり、そこに盲目の尊敬という滑稽さをからませてある痛快なストーリーです。

奇蹟に頼ってはいけない

私は、占い、霊能力、超能力を信じるなとは言いません。外国の諺に「奇蹟を願ってもいい、奇蹟に頼ってはいけない」というのがあるそうです。私はこの「奇蹟」を〝占い〟〝霊能力〟〝超能力〟に置きかえてみることをお勧めしたいのです。

「霊能力を願ってもいい、霊能力に頼ってはいけない」

「超能力を願ってもいい、超能力に頼ってはいけない」

霊能力や超能力に頼ってしまうと、自分で自分を高めていくという主体性がなくなってしまいます。自分では主体的にやっていると思っていることでも、占いやお告げなどに基づいた、せまい枠の中で、もぞもぞと彷徨《さまよ》っているのとほとんどかわりがありません。

さらに、占い師、霊能力者、超能力者を、自分にない能力を持っている人だからと、尊敬するのはとても危険です。これが鷗外の言及する第三の態度の問題点なのです。自らの心を磨くために、素晴らしい人格者を尊敬することはとてもいいことでしょう。しかし、高い人格を持っている人と、よく当たる占い師、霊能力者、超能力者とは、何の関係もありません。否、逆に、物事を決めつけ、あるいは脅し、命令するような人が人格者だとはとても思えないのです。

お釈迦さまは亡くなる時に、自分を慕う弟子に「自燈明《じとうみょう》、法燈明《ほうとうみょう》」という言葉を残しました。「あなた自身の中にある、生命力や反省して向上しようという力。その力を、足もとを照らす燈明として人生を歩んでいけばいい。バランスの取れた仏の教えを寄辺《よるべ》として、自ら考え、感じ、行動していけばいい」と言ったのです。

誰でもロケットエンジンを積んでいる

そのためには、勇気や元気が必要です。しかし、その「気」は、私たち誰もが内蔵しているものです。それはまるで、私たち誰もがロケットエンジンを搭載しているようなものです。

ロケットは燃料を燃やすのに必要な酸素を、ロケット本体に積んでいます。だから酸素のない宇宙でも進んで行けます。これに対して、ジェットエンジンは、酸素を外部から強引に吸い込んで推進力を得ているそうです。

弱い私たちは生きている中で、時には何かに頼りたくなる時があります。そんな時、占いや霊の力を借りたくなります。しかし、それは自分に内蔵されているものを引き出すための、単なるキッカケとして割り切ったほうがいいでしょう。その割り切りがないと、主体性がなくなってしまいます。あなたがあなたでなくなってしまうのです。

私がここでいう主体性というのは、営業利益を上げるために自分ならどうするかを主体的に考えるということではありません。上司に命令された範囲の中での主体性は、私の言いたい主体性とは似て非なるものです。なぜ営業利益をあげるのかを、主体的に考えてみるということです。会社員であれば、なぜ自分がその仕事をやっているかを主体的に考えてみるということです。公務員でも同じです。

多くの方は「生活していくお金のため」と答えるかもしれません。

しかし、そこで思考をストップさせてはもったいないです。では、何のために生活するのか、生活とはどういうことか、生きていくということは何だ、生まれたということは……と、自分に問いかけてみる作業を続けるのです。答えは出ないかもしれません。出ないならば出ないところで休憩していいのだと思います。休憩する勇気、分からないことを分からないとしておく勇気も大切です。

生きていくには「七回転んだら、八回起きればいい」くらいの覚悟も必要です。七回転んでも八回起きる力も、その覚悟を持つ力も、あなたの中に、すでに備わっているのです。

心のそうじ道具はすべてあなたの手のうちに、すでにあるのです。

2 「人生のまさか」の坂で止まる人、伸びる人

◉「能除一切苦《のうじょいっさいく》」の意味

般若波羅蜜多を表す真言について「よく一切《いっさい》の苦《く》を除《のぞ》く」と、その真言の功徳を説く部分です。

『般若心経』の冒頭で、すでに観自在菩薩が一切の苦厄を彼岸に度《ど》したことが説かれていますが、ここで私も、もう一度苦、とくに身近な人の死という苦しみを乗りこえるための方法をいくつかお伝えすることにします。

「みなさんのおかげです」

僧侶が皆さんから「最近の坊主は葬式坊主だ」と揶揄《やゆ》されていたのは、昭和の終わり頃でしょうか。生きている人を救うべき僧侶が、人が死んだ時にしか姿を見せない、

加えて高額の布施を要求し、意味不明のお経を読み続けていることへの率直な感想だったかもしれません（かなり偏《かたよ》った見方でしたが）。

これを〝坊さんはまだ期待されているのだ。坊さんよ頑張れ、とエールを送ってくれているのだ〟と受け取った僧侶は相当な数にのぼります。

故人にとっても、遺族にとっても、人生の大切な節目である葬儀を僧侶がしっかり勤めることで、皆さんの期待に応《こた》えていこうとするようになってきました。

具体的には、通夜や葬儀で法話をする僧侶が随分増えたと聞きます。そして、仏教の葬儀が故人を仏弟子として出家得度《しゅつけとくど》させる儀式である本筋をはずすことなく、同時に遺族のグリーフケア（悲嘆の緩和）の場であることを意識する僧侶がどんどん増えています。……と坊さん側からの弁護はこのくらいにしておきましょう。

自ら関ることで悲嘆が解消する

愛する人、親しい人の死は、とてもショックです。自分のアイデンティティーが、その人なしでは構築できない場合、つまり亡き人が自分の一部だったような場合には、なおさらです。

そんな遺族の心情を、日本では「人は〝まさか〟という坂はなかなか越えられない」と表現してきました。この〝まさかあの人が〟という坂を無事に越えていく過程をグリーフワークと言います。悲嘆解消のプロセスのことです。

終末の看護、臨終に立ち合うこと、死亡診断書を受け取ること、葬儀の手配をととのえ、喪服を用意し、弔問に応えることなどは、すべてそのワークの中に入ります。逆に言えば、それらのプロセスを超えることで、亡き人の死を受容し、納得し、新しい自分を構築して、社会生活を歩み出すことができるのです。

これを人任せにすると、なかなか立ちなおることができません。

私の寺では時々「法事の本尊さまへのお供物《くもつ》はお寺で適当に用意してくれますか」とおっしゃる檀家さんがいます。そんな時、私はこんな返事をします。

「それは自分で用意した方がいいですよ。亡くなった人が好きだったものを本尊さまに届けてもらうつもりで、用意すればいいんですよ」

さらに「お布施はどのくらい包めばいいですか」という質問に対してはこう答えます。

「亡き人にお小遣《こづか》いを渡すつもりで考えればいいですよ」

こう申し上げることで、遺族が亡き人に、より直接的に関ることができるのです。そして、それが〝まさか〟を越えていく足がかりになっていきます。

亡き人の〝おかげ〟を追って峠越え

もう一つ、まさかという坂を越えていく具体的な例として、愛する人を亡くしてからいくらか自分を取り戻してきた方に申し上げることがあります。

「自分の足もとにある〝おかげ〟という影を追ってみてください。生前いただいたおかげさまを思い出すんです」

私たちは一瞬一瞬を、他人や物から影響を受けて生きています。日本人はその無数の影響の中で、〝今の自分にとって良い影響〟を〝おかげ〟という言葉で表してきました。

「あの人があの時に言ってくれた言葉で今の私がある」

「あの人のあんな行動を見て私もこうしようと思った」

もちろん逆もあるでしょう。

「あの人のあんな言葉を聞いて、私は絶対あんなことは言うのをやめようと思った」

「あの人のあんなしぐさを見て、自分は決してやるまいと思った」などです。

こうしたおかげを思い出してみることで、やり切れぬ喪失感の中にいる今の自分を大肯定できるようになり、知らない間に〝まさか〟という坂を越えることになると思うのです。

お焼香もグリーフワーク

私が親しい人のお通夜や葬儀でお焼香にうかがう時に、いつも気をつけていることがあります。それは、三回のお焼香にしっかり意味を持たせることです。

一回目は、もはや私たちの手の届かない所へ逝ってしまった方を、仏さまに全面的に任せるために仏さまへの香りのもてなし。二回目は、亡き人へのご慰労とはなむけとして。最後は亡き人のおかげを感じつつ、人生の役割分担が残っている自分の心が大きく花を咲かせていくようにと、香を手向けます（本来は、仏法僧《ぶっぽうそう》の三宝《さんぼう》に香を手向けることになっています）。私にとってのグリーフワークです。「お焼香は一回でお願いします」と言われたら、つまんだ香を三回に分けて落とします。

蛇足ですが、葬儀場などで焼香に訪れた人（特に義理で来た人）の中には、読経がまだ続いているにも拘《かかわ》らず、形ばかりの焼香を終えると式場の外で会った仲間と大声で「おお、久しぶり。どうだ、一杯いくか」などと大声で話す人がいます。お願いですから、そういう話は外へ出て、坊さんにも遺族にも聞こえない所でやってください。

年配者やお坊さんは、「おかげさま」を感じる心とその大切さを、口をそろえて繰り返して説きます。それは、昔からこの言葉が心をそうじするための大切なアイテムだからなのです。

3
生き方上手は「しがらみ」も大切にする
◉「真実不虚《しんじつふこ》」の意味

「（般若波羅蜜多を表す真言は）真実にして虚《むな》（いつわりの意）しからず」という意味で、前出の「故知」はこの語句までかかります。

「だから知るべきです。般若波羅蜜多は真言で表せて、その真言はよく一切の苦を除いて、真実で偽りがない真言だということを」となります。

「真実にして虚しからず」――『般若心経』では真言について説明している言葉ですが、いい言葉です。

私たちが日常の中で直面することは、すべて「真実にして虚しからず」なのだと思います。

虚しくしてしまっているのは、私たちの心なのです。

ここでは、現実からイヤだ、面倒だと逃げてしまうことで、心に虚しさが生まれてしまうのではないかと思った体験談をご紹介します。

通知を出す人、出さぬ人

ある日、寺の庭をそうじしていた時のことです。

「あのー、すみません。こちらのお寺の方ですか」

恐縮しながら声をかけてきたのは、六十代とおぼしきご婦人でした。

「はい、住職ですが、何か？」

聞くと、ご主人が亡くなったばかりなのですが、子どもたちがまだ結婚していない、自分も含めて将来どこに住むかわからないという話です。その間、とりあえずお骨を預かってくれるお寺を探しているとのことでした。

私はおくやみを申し上げてから言いました。

「お預かりすることはできますが、その前に、ご主人の四十九日の法要の段取りをすることのほうが先だと思うんですけど」

確かめると、実際の四十九日まであと二週間しかありません。

「お骨が気になることもわかりますが、まず四十九日の法要のことを考えられた方がいいと思いますよ。どこか知っているお寺さんはあるんですか？」

「いいえ」

「それなら、日程さえ合えば、私のところでもお受けしますよ。四十九日は〝立ち日〟と言って、亡き人に対して、ここから先へはついていけません、後は仏さまにお願いしますっていう大事なけじめの日になるんです。だから、ご親戚への連絡とか、その後の食事の手配とかお引き物とか、たいへんなんです。まず場所と日程を決めた方がいいですよ」

そのように一般的な例を申し上げると、ご婦人はさらに恐縮しながら、言いました。

「ええ。でも、主人の兄弟はみんなもう歳だし、田舎にいますから、呼んでも来るかどうかわからないし……」

最近よくある少々身勝手な論法に、私は少々困って言いました。

「お呼びして、実際に来られるかどうかはわかりませんけど、ご兄弟にしてみれば、少なくとも、通知が来なければ、来たくても来られないじゃないですか」

人の思いはさまざまです。自分の兄弟の四十九日（都市部ではこの日に納骨をする場合が多く、お骨であっても亡き人の姿を見ることができる最後の機会です）に参列したい兄弟や友人はたくさんいるはずです。

大変でもやらねばならぬことがある

いわゆる向こう三軒両隣、本家分家の関係が希薄になってしまった現在では、このように「こちらが配慮するとかえって向こうさまが迷惑するかもしれない」という、現在の関係性をさらに希薄化させ、自らを孤立化させる考え方をする人が少なくありません。それも、純粋な相手への遠慮ではなく、裏側に〝自分のご都合〟が働いているものです。

そのご婦人も案の定、こう続けられました。

「ええ、でも、わざわざ来てもらっても、子どもたちも手伝ってくれないし、私が全部やらなくてはいけないから大変なんです」

さすがに、私はきっぱりと申し上げました。

「大変だからやらない、面倒だからやらないというのは、マズイと思うんですよ。大変でもやらなきゃいけないことがあるじゃないですか。お子さんを育てるのは大変だったでしょ」

「ええ、大変でした。主人はちっとも協力してくれませんでした」

「だからですよ。大変だから子育てなんかやーめた、なんて言わなかったでしょ。四十九日の法要も大変だからやめたと、お子さんたちに言わないほうがいいですよ。だって、それでお子さんたちが、大変だからやめていいんだと思ったら、奥さん。奥さんが寝たきりになったらお子さんたちは面倒みてくれませんよ。寝たきりの人を看護するのは大変ですもの」

「大変でもやらなきゃいけないことってあるんですよ。それが生きてる人の務めだと思うんです。お子さんたちに相談してみればいいじゃないですか。自分の親の四十九日ですもの。そのくらい協力してくれますよ。それがわかってもらえないようなら、その時こそはっきりと、世の中はそういうものだって教えてあげる絶好の機会ですよ」

お子さんと相談してからまたおいでくださいと、お寺の電話番号をお伝えしました。

私の言い方が悪かったのか……、いまだに彼女から連絡はありません。

「しがらみ」のすすめ

私は、仕事の上で大変なことでも我慢してやらなければならないことがあるなどと、当たり前のことを申し上げようとしているのではありません。

人生というレベルで、しがらみはけっして悪いものではない、否かえって現在であればこそ、善いものだと申し上げたいのです。

しがらみ（柵）は、辞書によると〔水の勢いを弱めるために川の中に杭を一定の距離に打ち並べて柴や竹などをからみつけたもの〕で、そこから〔まとわりついて、引き止めるもの。関係を絶ちがたいもの〕という意味が出てきます。

自分のことを赤ん坊の頃から知っている親兄弟、親戚のおじさん、おばさんとのつながり（私は、あえてこれを〝しがらみ〟と言います）は、自分が自分であるアイデンティティーを確立するための大切な要素です。そして、親族以外の人たちとのつき合いも、自分が孤立化することを引き止める大事なあたたかい〝しがらみ〟なのです。

自分という縦糸に、人間関係という横糸がしがらんでこそ、丈夫ですばらしい人生という布が織りあがります。さあ、みんなで、柵《しがらみ》を楽しみつつきれいな布を織り上げましょう。

心のそうじはごみや埃をなくして、荷物を整理すれば終わり……ではありません。

片づいた後の飾りもそうじを締めくくるのに大切なことです。

自分勝手
という台所で
作った料理は
誰も食べては
くれません

4 「第三の自分」を見つける生き方

◉「故《こ》説《せつ》般若《はんにゃ》波羅《はら》蜜多《みった》呪《しゅ》　即《そく》説《せつ》呪《しゅ》曰《わつ》」の意味

「それでは般若波羅蜜多の真言を説こう。その真言は……」という部分です。この部分の読み下しは「故《ゆえ》に般若《はんにゃ》波羅《はら》蜜多《みった》の呪《しゅ》を説《と》かん。即ち呪に説いて曰《いわ》く……」。実に名調子。ぜひ声に出して読んでみてください。そして、いよいよ『般若心経』も結論に近づきます。

そこで本書も終わりに向けて、心のそうじをした後に、心をどのように飾るのか、その段取りについて筆を進めようと思います。

ピンチヒッターの役割

ある会社で、重要な仕事を担当するはずの人間が病気で倒れてしまいました。上司が「君、代役をつとめてくれ」と言います。彼は以前にもそうした代役を何度も任されていました。そしてそのつど、精一杯の仕事をして、それなりの成果をおさめてきましたが、今回の彼は、その代役を躊躇《ちゅうちょ》したのです。

「せっかくのお言葉ですが、誰か他の人間にやってもらえないでしょうか」

上司は彼の断る理由が思い当たらないので「なにか不都合なことでもあるのか」と聞きました。すると、「じつは……」と彼が言いにくそうに答えます。

「同僚の中に、私ばかり代役を頼まれることに不満を持っている人間がいる、という話を聞いたのです。私としては一所懸命にやらせていただいているのですが、そんなことで妬《ねた》まれるのは不本意なのです。私は自ら立候補してその役をいただいているわけではありませんし、もし自分がやりたいという人間がいるのなら、その人間にやってもらいたいのです」

それを聞いた上司は、ゆったりとした調子で彼に言いました。

「あのな、代役というのは野球で言えばピンチヒッターだ。ピンチの時に出てくるんだよ。ピンチの時に出る選手に期待されていることは、ヒットかホームランを打つこと。アウトになってはいけないんだ。命ずるほうもこいつならヒットかホームランを打てると思うから、その選手を出すんだ。いくら他の選手が出たいと言ってもアウトになる可能性がある選手を〝ものは試しだ。じゃあやってみるか〟と出せないんだよ。お前はそれだけの評価をされ、期待をされて代役を頼まれていることを忘れているんじゃないのか。その信頼と、つまらん奴の妬みと、お前はどちらに重きを置くんだ」

この言葉を聞いて彼は勇気百倍。「ありがとうございます。すみませんでした。精一杯やらせていただきます」と答えました。

世に「やりたい人より、やらせたい人」という言葉があります。右の話には直接登場しませんが、自分がやりたいと自ら手を上げる人は、それなりに自信と情熱を持っています。しかし、その自信と情熱が、思い込みとなり、自らの欠点を見えなくさせてしまうことが往々にしてあります。

そういう人は、他人からどう見られているのか、客観的に考えてみることをお勧めします。そこから新しい一回り大きな自分を造り出すことができます。

「自分が思う私」と「他人が思う私」

昔のことですが、人には三つの〝自分〟があると聞いたことがあります。

第一の自分は、自分で「自分はこういう人間だ」と思う自分です。たとえば、自分ではなかなか人の面倒見がいいと思っている人がいたとしましょう。その人は周囲の人のことを温かい目で見て、何かあったら優しくフォローしてあげようと思っていす。普段からこう考えているので、自分では面倒見がいいほうだと思っています。

しかし、実際に周囲の人が困った状況になっていなかったり、あるいは困っていることに気づくことができなければ、結果的に何もしないわけです。

そこで、居酒屋で一杯飲みながら、こんな愉快な会話になります。

「私って、けっこう面倒見がいいほうだと思うんですよ」

「えっ？　だれが？　何か勘違いしてない？　そんな話は噂にも出たことないよ」

この、周囲から思われている自分が「第二の自分」です。第一の自分と第二の自分との間には、相当なギャップがあります。とくに、思っているだけで具体的な行動をともなっていない場合、この差はさらに大きくなり、「どうして、私のことを分かってくれないのだろう」と自虐的な気持ちになることさえあります。

第三の自分を目ざそう

子どものころ、人と比較して何か言い訳をしようとした時、親に言われたことはありませんか?「人は人、あなたはあなたでしょ」と。これが第一の自分を育てていくキャッチフレーズです。そして同時に「人からどう見られているか少しは考えなさい」とも言われます。これが第二の自分のことです。子どもたちはこの二つを同時に親から言われるので困りますが、この両方を備えていくことが、大きな自分を造り上げることになります。

最近では、社会構造の中で、自分を見失ってしまう人が多くなったためでしょうか、人からどう思われようと、自分が自分らしくあればいいという、自分に優しい考え方が心理学で盛んにいわれるようになりました。しかし、「自分で思う自分」よりも「人から見た自分」のほうが客観視している場合も多いのも事実です。

だからこそ、社会の中では、先にご紹介したように「やりたい人より、やらせたい人」と言われるのでしょう。人と人とが関りを持っている世の中では自ら手を上げる「第一の自分」よりも、この人ならば大丈夫だと周囲が折り紙を付ける「第二の自分」

のほうが適任ということになるのです。

そして、周囲からの客観視された自分を認めていくことで、より大きな「第三の自分」を造り上げていくチャンスが生まれます。

「第一の自分」＋「第二の自分」＝「第三の自分」です。

せっかくの人生です。自分を大きく大きくしていきましょう。

5 石橋を叩かないで渡るべき対岸もある

◉「羯諦《ぎゃてい》羯諦《ぎゃてい》波羅《はら》羯諦《ぎゃてい》　波羅《はら》僧羯諦《そうぎゃてい》　菩提薩婆訶《ぼじそわか》」の意味

ついに般若波羅蜜多の真言が説かれます。

ギャテイ、ギャテイ、ハラギャテイ、ハラソウギャテイ、ボージー、ソワカ。

意訳すれば「行こう、行こう、彼岸へ行こう、完全に渡ってしまおう。幸あれ！」というところです。

空《くう》の大原則を我がものにして、心安らかな境地に至るための智慧が、この言葉に象徴的に表されているだけでなく、言霊《ことだま》としてパワーを持っていると信じられています。ですから訳して唱えてもその力は発揮されません。

「ありがとう」は「感謝してます」と訳すことはできても、「ありがとう」が持っている響きや、文字が持つ雰囲気はまったく違います。「ありがとう」と言う時の笑顔で、「感謝しています」と言うのはとても難しいものです。「ありがとう」以外では表せない世界があるのです。これが言霊であり、真言と言ってもいいでしょう。

さて、この真言は『般若心経』全文を読む時間がない時——たとえば車で走っていて道路に轢かれた動物がいた場合、金縛りにあった時、道端に祀《まつ》られている仏さまの横を通った時、お寺の門前を通り過ぎる時などに——この真言だけを唱えても同じ功徳があると言われています。

日本でも『般若心経』は読誦《どくじゅ》や写経などの実践《じっせん》行《ぎょう》を中心に伝えられてきました。理屈ではなく、やってごらんなさいというのです。

『般若心経』の最後に説かれるギャテイの真言の意味も「(彼岸へ) 行く」という具体的行動の勧めに他なりません。

いいことをするのに躊躇《ちゅうちょ》はいりません。良いと思ったら即実行です。フットワーク軽く実行したいものです。そこでこの項では、何かをするのに一歩踏み出せない人にエールを送るつもりで話を展開してみます。

石橋の向こう側に何かあるのか

何かをするにあたって、慎重の上にも慎重を期して物事を進めることを「石橋を叩いて渡る」と言います。準備万端怠りなく、どんなことにも対応できるように、危機管理をしっかりしていく姿勢は、社会の仕事全般に通用するものでしょう。しかし、これが人生にも当てはまるのかどうか、一度いろいろな角度から見直してもいいかもしれません。

まずその見直しをするまえに、肝心の石橋の向こう側に、何があるのか、何を求めているのかを、ハッキリさせておかなければなりません。

橋の向こう側に求めているものが、悠々自適な生活なのか、夫婦円満なのか、健康な身体なのか――このような大きな目標の場合には、そこにたどり着くまでに、瀬戸内海の島々をわたる「しまなみ海道」のように、たくさんの島をつなぐ橋を渡って行かなければなりません。

悠々自適な生活が最終目的地なら、その手前に、お金の島、健康の島、趣味の島などを踏破して行かなければならないでしょう。

夫婦円満がゴールとすれば、家事分担島、共通の趣味島、正直島、思いやり島などの島巡りをすることになります。

身体健康に向かうなら――実際お寺に来るお年寄りの多くは「住職さん、とにかく健康が一番ですよ。それ以外は何もいらない」とおっしゃいます。しかしそのためには――食事に気をつけ島、適度な運動島、定期検診島、ストレスをためない島などを渡って行かなければなりません。

石橋はさまざまな渡り方がある

それぞれの橋を渡って行く時、その渡り方は人によって異なります。性格的なものや、習慣的に身についた渡り方もあるでしょう。

どんな橋でも叩いて渡る人は、用心深いので、スピードは遅く、やることが多くなりますが確実に渡れます。

叩いて叩いて、それでも心配で渡らない人は、一生向こう側へは行けません。

橋を信用できずに、叩き過ぎて橋を壊してしまう人――理屈っぽい人に多そうですが、この人も結局渡れず仕舞い。

別の人に叩かせて、安全だとわかったら、自分も渡るという人もいるかもしれません。

叩かないで渡ろうとする人は、案の定、橋が落ちてたどり着けない。否、ひょっとしたら、橋は落ちずに渡れてしまうかもしれません。

ふり返っても、失敗を恐れるな！

失敗を恐れ、世間体を気にする人の多くは、とにかく石橋を叩きます。子どもや孫には「失敗を恐れるな。人からどう見られようと気にしなくていい」と言っておきながら、自分のことになると、棒で叩くにも、棒が折れたらどうしようと予備の棒を束で用意し、他の人はどんな叩き方をしているか気にしつつ進みます。

私がかつてそうでした。中学生のころまでは、お寺の子だからへんなことはしてはいけないと教えられ、それゆえ、失敗を極度に恐れ、周囲の目を気にする毎日でした。

しかし、そんな私も、高校生以後は受験、恋愛、仕事（高校の教師をしていたことがありました）などの島巡りの橋を渡ってきました。時には叩き、時には叩き過ぎて壊し、時には叩かないで渡ったら橋が落ちて溺れかけ、溺れながらも島へ泳ぎ着き、時には叩かないで無事に渡れたりして、今の私があります。

橋の向こう側に何を求めるかによって叩き方は異なるでしょう。

あなたにとって、叩かないと怖くて渡れないのはどんな島ですか？


しかし、今思うことは、渡り方の中に、叩かないで渡ってしまえばいい時があるということです。棒など捨ててしまい、目をつぶってでもいい、あるいは開き直って、橋の上からまわりの景色を楽しみながら、渡っていくべき島があるのです。

今の私にとって、まだまだ遠い所にある島は「悟り島」です。そして、身近な島は「いいこととして、悪いこととしない島」と言えるかもしれません。どちらも、叩かないで渡るべき島だと思っています。

あなたにとって、叩かないで渡るべき島は、何ですか？

心のそうじを躊躇することはありません。実行あるのみ！　です。

6 「自由でやわらかい心」を持って生きる

◉「般若心経《はんにゃしんぎょう》」の意味

最後に出てくるのは「以上が般若の心の教えであり、般若の真髄の教えである」という語句、そのものずばり『般若心経』です。

ここでは、私が「この人は空《くう》を生きている、般若心経という教えに生きているなあ」と思った方のエピソードをご紹介します。ご本人が『般若心経』を人生の拠《よ》り所にしていたという話は聞いていませんが、般若心経を知らなくても、空の実践者、般若心経の体現者がいるという話です。

ユーモアの達人、古今亭志ん生さん

本書で何度もご紹介している元ニッポン放送アナウンサーの村上正行さんは、現役

時代に『志ん生十八番』という番組を担当していたことがありました。

名人の誉れ高い古今亭志ん生さんですが、一方で大酒飲み、貧乏のどん底の経験者として数々の逸話を残している噺家でもあります。多くは本になっていたりするのでご存じの方も多いでしょう。しかし、村上さんは、志ん生さんほど、心優しく、いつでも茶目っ気を忘れない人は他に知らないとおっしゃいました。

番組の放送を終えて、スタッフやお弟子さんたちと食事に行っても、いちばん隅にすわっている人のことを「食べ物は足りているか」「話し相手はいるか」「帰る時間は大丈夫か」と、常に気づかっていたそうです。

ここで、私が村上さんから直接お聞きした志ん生さんの話をご紹介します。

志ん生さんが倒れて自宅にいることが多くなったころ、長い間番組を担当していた村上さんは、よく日暮里《にっぽり》のご自宅を訪ねたそうです。

ある日村上さんが遊びに行くと、大の酒好きの志ん生さんは、倒れたにもかかわらず娘の三津子さんに「三津子、酒くれ」と言いました。すると三津子さんもよくしたもので、お酒を水で割って出しました。出されたお酒を美味しそうに飲みながら村上さんとひとしきりしゃべった後、思い出したように台所に向かってこう言ったそうです。

「三津子〜っ」

「なーに？」

「さっきの水、酒っぽかったよ」

またある時は、家で座っていることが多くなって、人恋しくて仕方がない志ん生さんは、村上さんがお邪魔するとなかなか帰そうとしません。そろそろ帰りますと言うと、まだいいじゃないかと何回か引き止められました。夕方になったので「本当にこれで失礼します」と部屋を出て唐紙を閉めようとした時です。「そうかい」と名残り惜しげに見送った志ん生さんは、ここでも思い出したように言いました。

「村上さん。あんた酒やめたんだってね」

村上さんもお酒を飲み過ぎて体調を崩して、しばらく前からやめていた時でした。

「ええ」

「そうかい。元気になって良かったね。顔色もいいよ」

「はい。おかげさまで」

「それもこれもみんな、むかし飲んだ酒が、いま効いてるんだよ」

何とおおらかで、茶目っ気に富んだ話でしょう。上等な落語の落ちのようですが、作り話ではなく、実際にこんな会話ができる人がいるのです。

私もいつかこんな、心に余裕があり、ユーモアたっぷりに人の心をなごませ、人を傷つけない、洒落た会話をしてみたいと、心の底から思います。もちろんそれは付け焼き刃でできるものではありません。その人の持つ人格（木で言えば幹）から滲み出るようなものです。

般若心経への序章

そのためには、観音さま（観自在菩薩）のような自由自在な心を持つことがまず大切でしょう。

その自由でやわらかい心で、物事の有り様を深く観察すれば、物事に執着《しゅうちゃく》せず、かといって投げやりになったりしないですむことでしょう。

本書でご紹介した志ん生さんや、村上正行さん、土門拳さん、黒沢明さん、向田邦子さんは（皆さん亡くなった方ばかりですが）、どなたも、誠実で、明るく、茶目っ気に富んでいます（二十四時間そのような生活を送ったわけではないでしょうけど）。

私たちの先人にも、そして周囲にもそんな素晴らしい時間を過ごした人、現に過ごしている人がいるのです。私たちにできないはずはありません。練習すればできるようになります。

自分自身の中に、すでにその練習に乗り出す勇気も、感性も、生命も、すべて備わっているのです。

私たちは人間ロケットです。燃料も酸素も、外の情報を集め、内部システムの異常を感知する計器も、どこを目指すべきかを教えてくれる計器類も、そして、具体的に目的地に進路を取る操縦桿もすべて装備されている人間ロケットです。

さあ、死んでも死なない、老いても老いない、心を小さくするようなことにはこだわらない、彼岸の心に向かって、ギャテイしよう（行こう）ではありませんか。

心のそうじを、さわやかに、朗らかに、続けていこうではありませんか。

6章

あなたの人生が変わる今日という一日！

真言で読む！『般若心経』の醍醐味

にっこり
笑って
起きあがろ

1 『般若心経』の語句と解釈

音声多重放送の要領で読み解く『般若心経』

さて、長々と私の体験した、あるいは私が聞いてうなずき、見て納得したエピソードを交えて『般若心経』の語句について書き進めてきました。

項に分けたので、『般若心経』の全体像がつかみにくくなってしまいました。

そこで、『般若心経』自体に興味の有る方のために、余計な例え話は入れずに少し詳しい語句の解説をしておきました。上段の般若心経の語句を、下段を参考にしてみてください。最近の映画のＤＶＤによくある、副音声で解説が流れるものがありますが、その要領でどうぞ。

語句解説

仏説

仏さまが説いた。どんなお経も、基本的にお釈迦さまが説いたものだというのが仏教の決まり事になっています。ですからこの「仏説」がない般若心経も多く流布しています。

摩訶般若波羅蜜多心経

摩訶は梵語マハー（偉大な）の音写。以下同様にパンニャー（智慧）、パーラム（彼岸）、イター（渡る、至る）。ここまでは全て古代インド語です。だから漢字の意味を考えてもチンプンカンプンなのです。

心はエッセンス、精髄、（般若の）心の意。経は縦糸のこと。お経が書かれた紙や葉の端に縦糸を通してつないだことから仏教の教えを書かれたものを〝経〟と言います。

観自在菩薩

観世音菩薩、観音さま。観ずることが自在な菩薩。世の人々の心の声を観じる菩薩。菩薩は、悟りに憧れつつ、自分より他の人を先に、安らかな心の境地に渡そうとする人。

自分だけの悟りをめざすのではなく、大勢の人と共に悟りの岸に渡ろうとする大乗仏教の教典である般若心経の冒頭に、悟りそのものである如来でなく、人々を何とか救おうとする実践者として菩薩が登場することは、意味深いものがあります。

行（行じていた時）

どこで、どのように行じていたのかは書かれていません。どこでも、いつでも、ハッと閃《ひらめ》く時があるものです。本を読みながら、散歩をしながら、誰かと話しながら、テレビを見ながら、人生の深い真理に気づいたことがあるでしょう。気づくきっかけは、私たちの周囲にゴロゴロしています。あとは、それに気づくかどうかです。

深般若波羅蜜多（深い般若波羅蜜多）

古いインドの言葉であるパンニャ（智慧）＋パーラム（彼岸）＋イター（至る）の音をそのまま漢字の音に当てはめたものが、般

五蘊

若波羅蜜多（彼岸へ渡るための智慧）です。訳してしまうと意味が限定されて、深い意味がとらえられなくなるために原語をそのまま音写してあります。

蘊は集まりの意。私たちは、肉体を持ち、目で見て、耳で聞いて、鼻で匂いをかいで、舌で味わって、触って、頭で判断して、行動を起こします。仏教では、この現象を肉体（物体）と四つの身体的精神的過程に分析しました。

物体と四つの過程を合わせたものが五蘊です。その五つは次のものです。

①形があるものを仏教では「色《しき》」と言います。
②目、耳、鼻、舌、手足を含む身体の表皮など、物体を最初に受け取る器官を「受《じゅ》」と言います。
③感覚器官からの情報が脳に送られることを「想《そう》」と言います。
④脳が受け取った情報を過去の情報から「これは○○である」と

一つの形として認識することを「行《ぎょう》」と言います。
⑤認識したものを、過去の自分の経験から、好悪、快不快など感情としてまとめあげる心の作用を「識《しき》」と言います。

空

原語は〝シューニャ〟。ふくれあがって中がうつろなこと。そこから、無い、欠けたという意味。インド数学では0を意味します。存在するものにはそのもの固有の変化しない実体はなく、条件によって変化する（縁起している）ということ。

度一切苦厄
（度したのです）

度は渡《わた》すと同義。迷いの岸から悟りの岸に渡すこと。波羅蜜多と同じ。
この冒頭の部分で、結論めいたことを言い切ってしまいます。以下、詳しい説明（もろもろの教え）の部分に入ります。

舎利子

釈迦の十大弟子の一人。シャーリプトラ（舎利弗《しゃりほつ》）。弟子の中では智慧第一と称される。子は学問があり、人格のすぐれた人の名前につける敬称。孔子、老子、諸子百家の子と同じ。

舎利子はこの教えの聞き手として登場します。智慧第一と称される舎利子に、般若の智慧を説いていくのです。仏さまは舎利子ならわかるだろうと話されたのか、あるいは、舎利子の智慧はまだ足りないので話されたのか。ドキドキの展開です。

色不異空
（色は空に異ならず）

物体（色《しき》）は、固有の実体があるわけではなく条件によって変化するもの（空《くう》）（だから、執着しないほうがいいということ）。

今お読みいただいているこの本（物体）がないわけではありません。本は厳然として存在しています。しかし、この本は無数の縁の集合体です。その縁が変化すれば、乱丁もあれば、ドッグイヤーがつけられることもあります。カバーがなくなることもあれば、古本屋に売られることもある。たったこの本一冊でも、永遠不変の固有の実体があるわけではないということです。

空不異色
（空は色に異ならない）

色即是空空即是色
（色は即ち是れ空であり、
空は即ち是れ色である）

受想行識亦復如是
（受も想も行も識も、
またの如しである）

さまざまな縁がより集まった物が物体（色《しき》）なのだということ。仮に縁が集まってできているものが、すべからく物体（色）という存在なのだと見抜くことを言っている部分です。

「色即是空、空即是色」という仏教でも有名な言葉。カ行とサ行の連続発声が、声を出して読むと、清々しく響く部分です。前項の「異《こと》ならない（不異）」だけでは否定的、虚無的な印象を与えてしまうので肯定的な意味を含んでいることを表す効果もあるとも言われます。

「受は即ち是れ空、空は即ちこれ受」「想は即ち是れ空、空は即ちこれ想」「行は即ち是れ空、空は即ちこれ行」「識は即ち是れ空、空は即ちこれ識」を全部言っても仕方がないので、まとめて言っている部分です。

諸法

あらゆる物事、現象。

空相（空なる相）

空という性質、特徴という意味。どんな物でも事でも縁（条件）によって変化するので固有の実体はないという特徴です。この後に不や無が多く登場するので、仏教はネガティブ思考、否定的なものの見方をすると思うかもしれませんが、縁によって変化するという大原則は、いつまでも若くないとか、いつか死んでしまうぞというマイナスの意味ではありません。

変化する（実体がない）からこそ、精子と卵子から私たちは生まれ、さまざまな経験をして人格を高めていけます。太陽で起こっている核反応も、この空の大原則に則っているからこそ、私たちは太陽エネルギーの恩恵に浴することができるのです。

不生不滅（不生であり不滅である）

さまざまな縁によって形あるものになったり、形がなくなったりする。しかし、すべての物事には恒常性がない立場にたてば、

〝生も滅も一つの変化〟としてとらえることができます。ここが分かると、生滅という表面上に現れた現象のみに囚《とら》われて一喜一憂することが少なくなります。だからと言って「だから赤ん坊が生まれたからって大喜びすることはない。人が死んだって悲しむことはない」などと言うのは、浅はかな行為ですからご注意を（やりたければ無人島でどうぞ）。

不垢不浄
（不垢にして不浄である）

本質的に汚い物も清らかな物もない。現実世界の「垢」や「清浄」は、個人的な好悪の問題がほとんどです。「蓼食《たで》う虫も好き好き」も（投げやりな言い方をしない限りにおいては）般若心経の世界観を表す言葉の一つでしょう。

不増不減
（不増にして不減でもある）

物理に弱い私は「不増不減は、エネルギー保存の法則ですよ」と言われると簡単に納得してしまいます。増減を〝移動〟と考えただけで、増えた、減ったということに右往左往しないですむ

空中無色無受想行識
（空の中には色は無く、受想行識も無い）

ことが随分あります。お金もその一つ。

先ほどは色が空であることを説いたので、ここではあらためて、色をはじめとした受想行識も、固有の実体はないのだと再確認します。

無眼耳鼻舌身意
（眼耳鼻舌身意も無く）

眼耳鼻舌身の五つは私たちの感覚器官、総称して五感。次の〝意〟は日本語では第六感。英語ではシックス・センスです。これを六根と言います。神聖な山に登る時に唱える「六根清浄《ろっこんしょうじょう》」はこれです。人間が毎日行っているのは、この六つの作業です。眼で見て、耳で聞いて、鼻で嗅いで、舌で味わって、身体で触って、心で思う（これを意と表現しています）――これで一瞬一瞬を生きています。

仏教のお坊さんたちは、人間って何だ？　世界って何だ？と考えていく中で、こんなことを二千年も前に分析していたのです。世界を、人を、世の中を分析することが真理に通じると考えて、必死になって研究した成果が、私たちの感覚器官の〝眼耳鼻舌身意〟という六つの感覚器官でした。

ところが、般若心経では先人たちの研究成果の〝眼耳鼻舌身意〟という私たちが外の物を最初に受け取る感覚器官でさえ、空なるもの（永遠不滅では無い）のだと言い切ります。

視力も変化する、聴力も、嗅覚も、味覚も、感触も、心も条件によって、人によって違ってくるのだというのです。

じつは私は理屈っぽいところがあって、その私をギャフンと言わせるのはここなのです。理屈で生きていけるものなら、生きてみろ！　そんなことより、もっともっと大切なことがあるじゃないか、足もとを見ろ！　と般若心経は語っているような気がするのです。

無色声香味触法

前の〝眼耳鼻舌身意〟の六つの感覚器（六根）が受け取る対象

（色声香味触法も無い）

が〝色声香味触法〟（六境）です。目で見るものを色（物体の意）、耳が聞くものが声（音の意）、鼻で嗅ぐものが香、舌で感じるのが味、身（皮膚）が感じるものが触、心が感じる対象を法と言います。

よく分析しているとつくづく感心しますが、般若心経ではこれらの六境《ろっきょう》も空だ、空っぽだ、実体がない、条件が集まっているだけなのだと説きます。

無眼界乃至無意識界
（眼界も無く、乃至意識界も無いのだ）

私たちが持っている認識についてかつて僧侶が長い時間をかけて分析されたものとして、目や耳などの五感に第六感の直感力を加えた六根。そしてその根が対象にする私たちの周囲にある六境（色声香味触法）。そして、その分析は再び私たちの心へと向かいます。目で物体（色）を見て、私たちが脳で考えることを眼識界と言います。

耳で音（声）を聞いて、考えることを耳識界。

同様に、鼻で匂い（香）を嗅いだ意識の世界を鼻識界。

舌で味わって思うことを舌識界。

皮膚で触って思うことを身識界。

心で感じたことを、さらに意識して考えた心の中の領域を意識界と言います。

右の六つを合わせて**六識**《ろくしき》と総称します。

外界の事象（六境）を感覚器官（六根）を通して、私たちは頭の中で考えている（六識）――これを二千年も前にインドの僧たちは考えていたのです。

これを初めて聞いた人は「なるほどねぇ。言われてみれば確かにそうだ」と思うことでしょう。

しかし、それも空（実体がない、空っぽ、条件によって変化する）のだと般若心経は一刀両断します。「だから、眼（識）界乃至（乃至は○○から△△までの意）意識界も実体があるように思って執着してはいけない」と言うのです。

般若心経は、知識をいくら増やしても、智慧と直結しないこと

無無明亦無無明尽乃至無老死亦無老死尽
(無明も無く、また無明の尽きることも無い。乃至、老死も無く、また老死の尽きることも無い)

をくどいほど説きます。ある意味で、日本のオタク文化への警鐘として考えてもいいかもしれません。

お釈迦さまは、人間の苦＝ご都合通りにならないこと、であると考えました。なるほど、私たちが苦しい、つらいと感じるのは、ことごとく自分のご都合通りでない場合です。その代表が〝生老病死〟の四苦です。

お釈迦さまはその苦の原因は何だろうか、私たちのだれもが直面する老いと死という苦の発生原因は何か、と菩提樹の下で静かに瞑想しながら考えました。原因を取り除けば苦もなくなるからです。老いや死は、生きているから。言いかえれば、生きるということは老いと死を丸ごと抱えていることです。では、どうして生きているのかと言えば、それは存在したからだ……。

こうして、次々に原因の、さらに原因は何だろうかと十二段階さぐっていった先にあったのは、無明（本当のことに気づくことがではきない）という状態でした。私たちの苦の根本原因は〝無明〟だということが分かったのです。この因果関係の法則を〝十二因縁〟と言います。

無明（無知）→行（潜在的形成力）→識（識別作用）→名色（名称と形態、または精神と物質，心身）→六処（心作用の成立する六つの場、眼・耳・鼻・舌・身・意）→触（感覚と対象の接触）→受（感受作用）→愛（盲目的衝動、妄執、渇きにたとえられるもの）→取（執着）→有（存在）→生（生まれること）→老死（無常な姿）。

般若心経では、お釈迦さまが悟ったこの十二の原因でさえ空（実体がなく、空っぽで、永遠不滅なものではない）と述べます。

般若心経では、かつてお釈迦さまが悟り、人々に伝えた内容を、仏さまが否定していくという、アッと驚くべき展開をします。

無苦集滅道
（苦集滅道も無い）

ここでもう一つ、舎利子がびっくりする言葉がでます。お釈迦さまが菩提樹の下で悟ったのは、苦の発生原因である〝十二因縁〟と〝苦集滅道〟であったと言われています。

まず生きることは〝苦〟である。その原因は、十二の因縁や生存していることで生じる六根、六境、六識が〝集〟まったためである。その原因となる無明を〝滅〟すれば苦がなくなる。そのためには八つの〝道〟がある。——これを〝苦集滅道〟の四諦《したい》と言います。

八つの道は、正見《しょうけん》(正しく見る)、正思惟《しょうしゆい》(正しく考える)、正語《しょうご》(正しい言葉を使う)、正業《しょうごう》(正しい行動をする)、正命《しょうみょう》(正しい生活をする)、正精進《しょうしょうじん》(正しく努力する)、正念(正しく想念する)、正《しょう》定《じょう》(正しい瞑想に入る)です。

しかし、苦集滅道は、人々に伝えるために、仮に説いた教えであって、どれをとっても永遠不滅のものではなく、空で、実体はないとするのです。苦もいつまでも苦ではなく、無明も絶対的なものではなく、八正道も人により、場所により、時代により、その正しさが変化していくものなのです。

無智（智も無ければ）

智慧もないということ。般若心経は悟りに至るための般若（智慧）のお経ですが、その肝心の智慧さえ、不変の実体はない、風船のようなもので、パンッと割れば、中身はないのと同じだというのです。ここは智慧に固執するなと読みかえた方が分かりやすくなります。

亦無得（得も無い）

智慧を得るということもない。損得の得と読んでも実社会で役立つでしょう。人は損得で動きすぎですから。

以無所得故（得る所無きが故に）

どんな物でも事でも、空《くう》（実体がなく、縁が仮に集まったようなもの）ですし、それを得ようとしている自分も空ですから、得る所はどこにもないということになります。得ようとしても、それは無理な相談だということです。

菩提薩埵

梵語のボーディサトバの音写。悟りを求めつつ、人々を救おうとする人のこと。略して菩薩。
ここから、般若の智慧によって生きていくとどうなるかが説かれていきます。〝ご利益をいただいた体験者の声〟といったところでしょうか。

無罣礙（罣礙が無く）

罣《けい》は掛ける、礙《げ》はさまたげるの意。ここでは、心を覆うものがないの意。

顚倒

顚倒はひっくり返ったものの見方。道理からはずれた考え方。牛は食べていいが鯨はダメ、ライオンがガゼルを捕食している光景を毛皮のコートを着ながら「ライオンは残酷だ」とのたまうことなど。

夢想

考えても仕方のないことを考えること。夢見るようなことを思うこと。「あの頃に戻れたら……」、「覆水を盆に返す」ことなど。

遠離（遠離して）

遠く離れての意。音で「おんりして」と読むと「下りる」の赤ちゃん言葉と間違えることがありますが、全く関係ありません。

究竟涅槃（涅槃を究竟する）

涅槃は梵語のニルバーナの俗語ニッバンの音写。煩悩を吹き消した、心が静かな状態のこと。究竟は到達する意。

三世諸仏（三世の諸仏）

過去・現在・未来の三世。今までの、現在の、そしてここから現れる仏たちもという意味。

阿耨多羅三藐三菩提

梵語アヌッタラ・サムヤック・サンボーディの音写。この上もない無上な平等な悟り。あまりにも高い境地なので、漢訳しない言葉の一つです。

故知（故に知るべし）

ここから最後の真言を導き出すための言葉が列挙されます。「さあ、いよいよいくぞ」という緊張感みなぎった語句です。

大神呪

この場合の大神は〝人知を超えた偉大な真言〟と考えたほうがいいようです。呪はサンスクリットではマントラと書かれているので、真言と訳した方がいいでしょう。

大明呪

闇の中にあって、光り輝く大きな明かりのようなありがたい真言。

無等等呪（無等等なる呪）

比べるものがないほどの素晴らしい真言。

能除一切苦真実不虚
（能く一切の苦を除く。真実にして虚しからず）

どんな苦でも吸い取ってしまう万能掃除機のような呪の効力について説く部分です。

羯諦羯諦波羅羯諦

梵語ガテー、ガテー、パラサンガテーの音写。真言は言葉自体に力があるので訳さないほうがいいのですが、ここまできて読者にあきらめなさいとは言えませんので、一応の訳を記します。

波羅僧羯諦

菩提薩婆訶

般若心経

〝往ける者よ、往ける者よ、彼岸に往ける者よ〟

パーラサンガテー。〝彼岸に全く往ける者よ〟

ボーディ　スバッハー。〝悟りよ、幸あれ！〟

以上が般若の智慧の精髄であり、般若の心である。

ここでもう一度、冒頭の主人公を思い出してみてください。

般若心経は主人公である観自在菩薩がつかんだものをまとめてある教えです。観自在菩薩は、上には菩提を求め、下には衆生を教化する求道者であり、実践者です。知識のみをたくさん詰め込んだデータバンクとは違うのです。空に生き、般若心経を生活の中で実践していくことこそが大切なのだと、冒頭で暗に示していたわけです。

『般若心経』の構成

ここでもう一度『般若心経』を分かりやすくするために、弘法大師の『般若心経秘《ひ》鍵《けん》』に則《のっと》って、内容を五つに整理して見ましょう。

これによってさらに、『般若心経』の全体像が分かりやすくなるはずです。

①人とものごとのありようを全体的に説き示す部分。

観自《かんじ》在《ざい》菩《ぼ》薩《さつ》が、深い般若波羅蜜多《はんにゃはらみった》を行《ぎょう》じていた時に、五蘊《ごうん》はみな空《くう》であると照見《しょうけん》して、一切《いっさい》の苦厄《くやく》を度《ど》したのです。

舎利子《しゃりし》よ。色《しき》は空《くう》に異《こと》ならず、空《くう》は色《しき》に異《こと》ならない。色《しき》は即《すなわ》ち是《こ》れ空《くう》であり、空《くう》は即《すなわ》ち是《こ》れ色《しき》である。受《じゅ》も想《そう》も行《ぎょう》も識《しき》も、また是《かく》の如《ごと》しである。

②もろもろの教えを分類して説く部分。

舎利子《しゃりし》よ。是《こ》の諸法《しょほう》の空《くう》なる相《そう》は、不生《ふしょう》であり不滅《ふめつ》である。不垢《ふく》にして不浄《ふじょう》である。不増《ふぞう》にして不減《ふげん》でもある。

是《こ》の故《ゆえ》に、空《くう》の中《なか》には色《しき》はなく。受想行識《じゅそうぎょうしき》もない。眼耳鼻舌身意《げんにびぜっしんい》もなく、色声香《しきしょうこう》味《み》触法《そくほう》もない。眼界《げんかい》もなく、乃至意識界《ないしいしきかい》もないのだ。無明《むみょう》もなく、また無明《むみょう》の尽《つ》きることもない。乃至《ないし》、老死《ろうし》もなく、また老死《ろうし》の尽《つ》きることもない。苦集滅道《くじゅうめつどう》もないし、智《ち》もなければ、また得《とく》もないのだ。得《う》る所《ところ》なきが故《ゆえ》にである。

③修行した人が得る利益を説く部分。

菩提薩埵《ぼだいさつた》は般若波羅蜜多《はんにゃはらみった》に依《よ》るが故《ゆえ》に、心《こころ》に罣礙《けいげ》がなく、罣礙がない故《ゆえ》に恐怖《きょうふ》も有《あ》ることがない。一切《いっさい》の顚倒《てんどう》や夢想《むそう》を遠離《おんり》して、涅槃《ねはん》を究竟《くぎょう》するのである。

三世《さんぜ》の諸仏《しょぶつ》も般若波羅蜜多《はんにゃはらみった》に依《よ》るが故《ゆえ》に、阿耨多羅三藐三菩提《あのくたらさんみゃくさんぼだい》を得《え》るのだ。

④すべてが真言に帰すことを説く部分。

故《ゆえ》に知《し》るべし。般若波羅蜜多は、是《こ》れ大神呪《だいじんしゅ》であり、是《こ》れ大明呪《だいみょうしゅ》であり、是《こ》れ無《む》上《じょう》なる呪《しゅ》であり、是《こ》れ無等等《むとうどう》なる呪《しゅ》なのである。能《よ》く一切《いっさい》の苦《く》を除《のぞ》く。真実《しんじつ》にして虚《むな》しからず。故《ゆえ》に般若波羅蜜多の呪《しゅ》を説《と》く。即《すなわ》ち呪《しゅ》に説《と》いて曰《いわ》く。

⑤秘密の真言を説く部分。

羯諦《ぎゃてい》羯諦《ぎゃてい》波羅《はら》羯諦《ぎゃてい》　波羅《はら》僧羯諦《そうぎゃてい》　菩提薩婆訶《ぼじそわか》

般若心経《はんにゃしんぎょう》

マントラ（真言）としての『般若心経』

『怪獣の名はなぜガギグゲゴなのか』（黒川伊保子著　新潮新書）の冒頭で、著者がマントラ（真言）についてこんな解説をしてくれています。

「マントラは繰り返し使うと、人間の『意識の質』を整える効果があるとされる。人は、意識の質が乱れると、ものごとに集中できなくなりイライラがつのる。このイライラは神経系のストレスであり、諸病諸悪の根源であるというのがアーユル・ヴェーダ（生理学）の思想である。古来インドでは、意識の質を整えることが生活の基本であり、その手段の一つとしてマントラが使われてきた」

仏壇の前、あるいは仏の前で、漢字の音読みで読誦《どくじゅ》される『般若心経』に違和感をお持ちの方もいらっしゃるかもしれません。

「せっかく意味があるのに、どうして意味を理解しないのだ。それではただの呪文ではないか」と。

確かに多くの日本人は、『般若心経』の意味を理解して読誦していないでしょう。しかし、黒川さんが指摘するように、ただ唱えているだけで（否、ただ唱えるだけだからこそ）意識の質が整えられるのです。

自分の家の仏壇でも他の家の仏壇でも、ただお線香をあげて、お鈴《りん》をチーンとならして手を合わせるだけでは得られない心の充実感が、般若心経を一巻読誦することで得られるものです。だからこそ、大勢の人が般若心経を唱え続けているのです。

本書は頭だけで理解するだけでなく、日常の中に般若心経の精神を活かしていただきたいと書き進めてきました。しかし、前項でも触れたように、般若心経自体が最後をマントラで締めくくっているお経なのです。

ぜひとも静かな場所で実際に声に出して読んでみてください。一巻読むのに約二分です。

一日の中で、二分の時間が取れないような生活をしている方、読むための静かな場所が確保できない方は、すでにあなたのその生き方が、のっぴきならない状態にあると思っていただいた方がいいかもしれません。

声帯を使わなくても結構です。ヒソヒソ話をするようにでも結構ですから、まあ読んでみてください。読み続けてみてください。この偉大なるマントラを。

●参考資料

『佛　智慧と教え』　吉田宏哲編　（青史出版）
『空海　般若心経秘鍵』金岡秀友　（太陽出版）
『真言宗諸経要集解説』真言宗豊山派宗務所
ほか、インターネット各種ホームページ。

本書は、本文庫のために書き下ろされたものです。

名取芳彦（なとり・ほうげん）
昭和33年、東京都江戸川区小岩生まれ。密蔵院住職。読売文化センター講師。真言宗豊山派布教研究所研究員。豊山流大師講（ご詠歌）詠匠。密蔵院写仏講座・ご詠歌指導。また、フリーマーケット布教やライブハウスでの声明ライブも行なっている。主な著書に『…なんだそうだ、般若心経』『人生をまる洗い』などがある。
日本テンプルヴァンHPにて「名取芳彦のちょっといい話」が好評。
●元結《もっとい》不動密蔵院
東京都江戸川区鹿骨4－2－3

知的生きかた文庫

般若心経《はんにゃしんぎょう》、心《こころ》の「大《おお》そうじ」

著　者　名取芳彦《なとりほうげん》
発行者　押鐘太陽
発行所　株式会社三笠書房
〒一〇二-〇〇七二　東京都千代田区飯田橋三-三-一
電話〇三-五二二六-五七三四〈営業部〉
〇三-五二二六-五七三一〈編集部〉
http://www.mikasashobo.co.jp
印刷　誠宏印刷
製本　若林製本工場

ISBN978-4-8379-7652-3 C0130

C20035